Roger Willemsen · Michael Sowa
Ein Schuss, ein Schrei

ROGER WILLEMSEN
MICHAEL SOWA

Ein Schuss, ein Schrei

Das Meiste von Karl May

Kein & Aber

INHALT

DURCH DIE WÜSTE

Man stelle sich die Wüste vor
mit ihrem Sandpapier-Dekor,
Sahara, Gobi, Atacama,
stets das gleiche Panorama:

Die Wüste ist doch letztlich nur,
ein Stück beige-bräunliche Natur,
weil hier keine Pflanzen grünen
sondern triste Wanderdünen
sich vor und zurück bewegen,
eh sie sich zur Ruhe legen.

Die Hitze macht den Menschen matt,
mehr noch: macht die Schöpfung platt.
Flach atmend säuft der Tuareg
dem Wüstentier sein Wasser weg,
worauf es deprimiert krepiert
und dann im Sande skelettiert.

Es sieht vereinzelt reizvoll aus,
trifft sich das Vieh zum Leichenschmaus,
doch gleich darauf erahnt man schon,
auch das bleibt letztlich monoton.

Die Wüste lebt zu gleichen Teilen
vom Sterben und vom Langeweilen.
Viel gibt es nicht an ihr zu sehn
bis auf Schlangen und Kakteen.
So wird man dankbar registrieren,
erscheinen Menschen hier auf Tieren.

Und wirklich: Zwischen Schädelstätten
bewegen sich jetzt Silhouetten,
ein Hengst, ein Mann und dann ein zweiter,
klein gewachsner Stuten-Reiter.
»Die Wüste lebt, und ich durchkämm sie,
das schwör ich mir, Kara Ben Nemsi.«

An diesem Ton erkennt von fern
der Diener Hadschi seinen Herrn.
Doch fehlt zum Hadschi ihm die Hadsch,
somit der wahre Pilger-Touch.

»Ich weiß, ich geh Euch auf den Wecker
mit meinem dumpfen Drang nach Mekka,
nur gebt doch zu, wenn Ihr Euch traut,
die Wüste ist auf Sand gebaut,
und wen macht die Sahara froh,
ist er nicht Sphinx noch Pharao?«

Kara Ben Nemsi abgelenkt,
hat ihm kaum einen Blick geschenkt.
»Und ich mach sicher keine Ferien
in dieser Hölle von Algerien«,
spricht er und sprengt im Streckgalopp
auf eine Senke zu, als ob
ihm dort im Sand ein Mensch erschiene,
der mehr an Achtsamkeit verdiene.

Ein Mensch? Ein Mann? Ein Weib? Wie schade:
nicht Derwisch, Tuareg, Nomade,
wo eben noch ein Kaufmann saß,
liegt jetzt nur noch ein Häufchen Aas,
und bei ihm mit durchschnittner Kehle
verwest der Rest seiner Kamele.

Der Lump, der ihm das angetan,
macht sich die Wüste untertan.
Sein Geisteszustand wirkt blamabel,
die Nase wie ein Geierschnabel.
Von fortgesetztem Großbetrug
trägt seine Miene jenen Zug
aus Tücke, Lüge, Hinterlist,
wie er bei Schurken üblich ist.

Nein, die bösen Wüstensöhne
kennen keine Zwischentöne,
vielmehr haben sie ein Faible
für Krummdolch, Messer oder Säbel
und metzeln hin am Wegesrand,
was ihnen je im Wege stand.

Ein Salzsee mit nur wenig Wasser
wird jetzt zum Fluchtweg für El Nassr.
So heißt der üble Muselmann,
von dem man beinah sagen kann:

Wo sich die Salzkristalle röten,
da kam der Nassr hin zum Töten.
Erst wird der Führer abgeknallt,
dann macht er noch sein Reitpferd kalt.

Wie kann man nur so hässlich sein,
der Nächste sinkt im Salzsumpf ein.
Er mordet noch das Fünfzehnfache,
Kara Ben Nemsi schwört ihm Rache.

So fülln sich ungezählte Seiten
mit Kämpfen, Fliehen, Schießen, Reiten.
Dabei bleibt Nassr unverwandelt,
weil psychologisch unbehandelt,
ein Held der bösen Phantasie,
ein Fall für rasche Therapie.

Am Ende wird sein Blut vergossen
und die Geschichte abgeschlossen.
Er ist nicht wahrhaft zu bedauern,
auch sieht man niemand um ihn trauern.

Man sollte ihm die Meinung geigen,
statt heuchelnd Mitleid vorzuzeigen.
Schluss, aus und Friede seiner Asche,
der liegt uns nicht mehr auf der Tasche!

DURCHS WILDE KURDISTAN

Kara Ben Nemsis Lebensform,
so sagt der Leser, ist abnorm,
weil er stets auf Reisen ist,
aber niemals als Tourist,
als Vertreter, Diplomat,
als Konsul für den Vater Staat,
sondern seelisch unbehaust,
unstet und auf eigne Faust.

Rast- und ziellos, umgetrieben,
ist er nirgends lang geblieben,
braucht nie länger als zwei Tage,
und hat in exakt die Lage
sich schon wieder manövriert,
aus der er sich grad rausbugsiert.

Diese Lage nennt sich Klemme,
und die schlimmsten Völkerstämme
für die Produktion von Krisen
warn Vandalen und Kirgisen,
Kurden, Perser, Skipetaren,
Türken und auch Janitscharen.

Fehlen bloß noch die Arnauten,
die sich immer wieder trauten,
größre Stämme anzugreifen,
um sie tüchtig einzuseifen.
Oben buckeln, unten treten?
Gern, beim Barte des Propheten!

Dabei spielt die Führungsrolle
immer, wer sonst nicht so dolle
und als traurige Figur
nutzt die Launen der Natur.

Die in jeder Hinsicht Miesen
ducken sich in hohe Wiesen,
die besonders feigen Memmen
warten ängstlich hinter Stämmen.

Zwischen hohen Dammwild-Hirschen
suchen sie sich anzupirschen,
ja sie gehen selbst in Sümpfen
vorsichtshalber nur in Strümpfen.

Nähm man ihm die Schöpfung weg,
hätt der Gangster kein Versteck.
Da er sonst recht unbeseelt,
wär das alles, was ihm fehlt.

Ach, dies scheint ein Paradies,
wär der Mensch nicht gar so fies
und samt buckliger Verwandtschaft
respektierte er die Landschaft,
und es hätt nur was zu melden,
wer so wär wie unsre Helden.

Kara nimmt auf jedem Ritt
auch Natur-Eindrücke mit.
Hindert ihn kein andres Drama,
lockt der Blick ins Panorama,
anders als beim Pferdestecher
oder fliehenden Verbrecher.

Diese nutzen einen Wald
allenfalls als Hinterhalt.
Entsprechend wartet ohne Stolz
der erste Feind im Unterholz.

Alles andre als gelassen
sucht er, Kara abzupassen,
der als Held der Gegend gilt,
dem Shatterhand sein Ebenbild.
Und er straft als deutscher Rächer
jeden kurdischen Verbrecher.

Der Arnaute wird nervöser,
er gilt nur als mäßig Böser,
nicht ganz alt und schon am Zug,
nicht ganz kalt, doch kalt genug,
um am Ende abzudrücken,
Richtung Kopf, nicht Richtung Rücken.

Auch wenn Karas Hund nicht kläfft,
das Töten ist ein Drecks-Geschäft,
denn noch jeder Heckenschütze
kriegt es schließlich auf die Mütze.

Still, es krächzt der Eichelhäher,
Ben Nemsis Gruppe kommt schon näher.
Es zieht heran ein ganzer Tross,
im Dickicht lauert ein Geschoss,
und kaum tritt Kara auf die Lichtung,
zielt ein Schuss in seine Richtung.

Halef schreit: »Sihdi, wie stehts?«,
da trifft die Kugel seinen Fez,
und im Zehn-Sekunden-Turnus
gleich danach Ben Nemsis Burnus.

Halef wirds sofort zu bunt,
er ruft Dojan, seinen Hund.
Nur weil der mit sich im Reinen,
braucht man ihn nicht anzuleinen,
und in seinem reifen Alter
wird kein Hadschi Kampfhundhalter.

Scheint er nach dem Bein zu schielen:
»Keine Angst, der will nur spielen«,
sagt der Hadschi Halef dann,
so wie quasi jedermann.

Doch, zum Teufel, das Sublime
taugt nichts gegen die Maxime:
»Will ein Feigling dich verletzen,
darfst du gern den Hund drauf hetzen.«

Also gut, gesagt, getan,
jetzt tritt Dojan auf den Plan,
und der Hund hat fast beflissen,
erst den Schützen umgerissen.
»Los, mach weiter, mehr als das,
weiter, braves Hundchen, fass!«

Der Arnaute wird erst bleich,
dies war erst sein erster Streich,
danach wird er wieder röter,
denn nun droht der schwere Köter
ihm auf seinen Arm zu hechten …
»Gut gemacht, er nimmt den Rechten!«

So, der Lump liegt regungslos,
und die Angst nässt seinen Schoß,
denn er kann das Beil nicht schwingen,
nicht den Dolch in Stellung bringen.
Eh der Hund ihn massakriert,
hat er rasch kapituliert.

Der andre war ein guter Junge,
wenn auch mit gespaltner Zunge.
»Ich beiß dich nicht«, rief er, »tu dus!«
Doch Ben Nemsi schrie: »Bei Fuß!«,
dann, nachdem er ihn befreite,
»lauf, Arnaute, such das Weite!«

Dieser nickt, es schimpft der Rest,
weil er ihn so laufen lässt.
Doch es scheint verkehrte Welt,
wenn nun das Verfolgerfeld,
das ja völlig ungefährdet
als Justitia sich gebärdet.

Ben Nemsi nimmt den ersten Schisser
und belehrt den Besserwisser:
»Es gehört zum Anglerglück,
wirft man einen Fisch zurück.
Dieser ist ein Stichling nur,
keine Großtat der Natur.«

Was er nicht sagt, aber denkt,
wenn er so die Freiheit schenkt,
ist: »Mit mir selbst gings rasch bergab,
würden mir die Bösen knapp.
So muss ich meinen Ruhm erkaufen
und lasse manchmal einen laufen.

Denn wir allzeit edlen Rächer
leben vom Gesetzesbrecher.
Kaum ist dieser eingesargt,
heißt das ›Flaute auf dem Markt‹.

Deshalb konnt ich stets vergeben,
ließ mal sterben und mal leben,
war jedoch versiert genug,
dass ich beides gut vertrug.

Stets genoss ich an der Macht,
dass sie mich nicht umgebracht.
Moralisch nennt man das sensibel,
wenn auch nicht im Sinn der Bibel.

Überall kämpft die Natur
gegen Wunder der Dressur,
folglich ist es doch normal,
siegt nicht immer die Moral.

Die Tugend ist im Gegenteile
oft Garant für Langeweile.
Da sollte Güte maßlos sein?
Fällt mir nicht im Traume ein.«

VON BAGDAD NACH STAMBUL

Bagdad ist die Märchenstadt,
die so viel Charakter hat,
weil sich hier mit größter Dichte
komprimiert die Weltgeschichte.

Metropole eines Staats,
Hauptstadt eines Kalifats,
gab sie Türken, Kurden, Scheichs,
Stützen des Osmanenreichs,
ihren eignen Lebensraum.
Doch inzwischen: aus der Traum!

Der Perser nennt sie »Gottesgabe«
und trägt den Christengott zu Grabe,
und unter Einfluss dieses Schocks
wird mancher Christ prompt orthodox.

Nach wieder andren Glaubensriten
beten Moslems wie Schiiten,
zu schweigen von den Kabbalisten,
Schamanen, Derwischen, Sufisten.
So ist die Glaubenskontroverse
der schönen Stadt Achillesferse.

Wir sehn auf wüster Bergeskuppe
Kara Ben Nemsis Reisegruppe,
sie nähert sich von Osten her
und trifft dabei auf Stoßverkehr.

In Tälern und auf Hügelkämmen
wimmelt es von Feindes-Stämmen,
Waffen sind genug vorhanden
unter diesen Räuberbanden,
die in dem Bewusstsein schießen:
Blut muss fließen, Blut muss fließen.

Deshalb kanns nicht anders sein:
Mancher büßt sein Leben ein.
Wird der Muselmane tätlich,
macht der Halef ihn unschädlich.
Selbst im größten Kampfgetümmel,
wittert er ihn schnell am Kümmel.

Dann erfahren wir entsetzt:
Hadschi Halef ist verletzt,
doch dank seiner Kraft-Natur
bleibts bei einer Schramme nur,
die ihn so ans Bett fixiert,
dass er auch mal reflektiert:
Wenn einer macht den andern kalt,
nennt mans »Spirale der Gewalt«.

Da sie schlecht behandelt wurden,
wollen wilde Bebbeh-Kurden,
ganze Bejat-Kurden-Horden
aus dem Hinterhalt ermorden.

Die Spirale wird zum Kreisel,
und der Bebbeh-Scheich zur Geisel.
Doch nach einem Judaskuss
ohne echten Friedensschluss
lässt ihn Mohammed Emin
trotzdem seiner Wege ziehn.

Beide werden erst entmachtet,
dann von hinten abgeschlachtet,
worauf der halbe Orient
vor Rache und Vergeltung brennt
und so mancher selbst den Mut hat
für ein Attentat, ein Blutbad.

Noch führt ein Perser-Edelmann
die kleine Karawane an.
Er spricht, in heiliger Mission:
»Schaut her, am Horizonte schon
erscheint mein Glaubenserbe … Da!
Das Heiligtum von Kerbela!«

Der Turm von Babel war nicht weit,
in heiterer Gelassenheit
zog der ganze Perser-Tross …
Deckung! Erst ein Wurfgeschoss,
dann plötzlich droht von überall
ein Hinterhalt, ein Überfall.

Ach, es bleibt beim Drohen nicht,
der Perser tritt vors Weltgericht,
geschlossen im Familienkreise
geht man auf die letzte Reise.

Ob Herr, ob Knecht, ob Lasttier-Treiber,
da liegen die zerstückten Leiber,
hingemetzelt und entseelt.
Keinen hat der Dolch verfehlt.

Weh, der Fluch der bösen Tat
folgt der Lüge, dem Verrat.
Tückisch, stumm, verschlagen schien er,
Saduk, Ardschir-Mirzas Diener.

Ohne ihm vom Leib zu weichen,
hinterließ er heimlich Zeichen,
unbemerkt von seinem Herrn.
Dem lag Falschspiel derart fern,
dass er niemals daran dachte,
wer ihm nach dem Leben trachte,
brauchte vorne nur zu heucheln,
um ihn hinterrücks zu meucheln.

Kara kennt den Missetäter,
den Komplizen und Verräter,
der den Schutz des Neumonds braucht
und im Dunkeln untertaucht.

Tief geduckt in den Ruinen,
in den Kirchen und Latrinen,
hat er erst rumspioniert
und dann weiter konspiriert.

Saduks Wesen wirkt leicht glitschig,
seine Worte wählt er kitschig,
manchen scheint er bloß zwielichtig,
andern mehr als unaufrichtig,
wenn ihm nichts mehr übrig bleibt
und er auf Papierchen schreibt:

»Mit Blut die Wüstenerde düng ich,
nennt mich jemand doppelzüngig.«
Wem ist ein solcher Mann geheuer,
erst recht im nächtlichen Gemäuer,
wo Saduk fast in Ohnmacht fällt,
als man ihn am Ende stellt.

Lässt man ihn nicht weiterschleichen,
flennt er bis zum Steinerweichen
und beruft sich dabei gern
selbst auf seinen toten Herrn.
Der blickt runter von den Sternen
auf den schwachen Subalternen.

Kara, lass ihn einfach ziehen!
Der Schande wird er nicht entfliehen,
wie die meisten Ungetreuen
schließlich seine Tat bereuen,
dann gehts rasch mit ihm bergab,
und »bergab« heißt frühes Grab.

Lebt man unter Bösewichten,
muss man auf sein Glück verzichten.
Der Vertreter der Gewalt
wird im Leben oft nicht alt,
in Ben Nemsis Umfeld nie,
und er straft mit Phantasie.

Scheint der Tod auch schon besiegelt,
wird er oft nur vorgespiegelt.
Die Rache ging vielleicht daneben,
der Schurke ist vielleicht am Leben.
Man hat gedacht, ein Schuss, der reicht,
dann kommt das teuflische »Vielleicht«.

Die Wirklichkeit wird nicht verneint,
nur ist sie selten, wie sie scheint:
Der Freund entpuppt sich als Verräter,
der Kamerad als Serientäter,
der gute Kerl kommt hinter Gitter,
ist aber eher Samariter.

Wo man Komplizenschaft erwartet,
ist längst schon alles abgekartet,
wo Wald sein soll, liegt eine Heide,
wo Wüste ist, wächst doch Getreide,
und statt dem Fluss liegt bloß ein Kiesbett.
Machs muslimisch, nenn es: Kismet!

IN DEN SCHLUCHTEN
DES BALKAN

Wer ehmals in den Balkan fuhr,
der tat es wegen der Natur,
sobald dann die Natur mal schwieg,
lauscht er gerne der Musik,
wenn im großen Kirchenchore
Völker pflegten die Folklore
oder ohne Rassenschranken
tassenweise Kefir tranken
und schon jugendliche Kids
kippten gerne Slibowitz.

Wenn sie so mit Fremden saßen
in den Kneipen an den Straßen,
konnte es durchaus passieren,
dass sie warnten: Nichts riskieren!
Denn die schlimmsten der Gefahren
drohen von den Skipetaren.
Heute heißen die profaner,
nichts mit Skipe…, bloß: Albaner.

Es mehren sich in Windeseile
die Lügen und die Vorurteile,
und das dumpfe Meinen Vieler
war historisch oft stabiler
als die staatliche Verfassung
und der Wunsch nach Unterlassung.
Wer die Wahrheit so verpackt,
sucht die Meinung, nicht den Fakt.

Doch auch solche Jammerarien
hört Ben Nemsi in Bulgarien:
In den Bergen, auf dem Lande
formt sich eine Räuberbande,
die nun marodierend, schießend,
brandschatzend und Blut vergießend,
grausam bis ins letzte Glied
durch die Balkan-Schluchten zieht.

Ist der Teufel denn gefahren,
in das Volk der Skipetaren?
Diese lebten schlicht, gedrückt
und vom Wohlstand unbeglückt,
arm, verängstigt, folglich feige.
Spielt der Schut die erste Geige,
ist es, weil er diese Memmen
kann mit Schrecken überschwemmen.

Er ist nicht nur unbequem,
ist kein Mensch, er ist System,
und er lebt als Staat im Staat
von Verbrechen und Verrat.
Es verbindet eine Blutspur
jeden, der dem Räuber Schut schwur:

»Lieber leb ich illegal,
treu dem Schut und loyal,
werde nicht so trostlos älter
wie ein braver Angestellter,
Hufschmied, Köhler, Pfannengießer
oder sonst ein Balkan-Spießer.
Lebensziele
gibt es viele,
doch vertrete ich nur meins:
Ich dien Staatsfeind Nummer eins.«

Die Gefolgschaft wird, mal ehrlich,
einem Lande brandgefährlich,
das schon mancher gerne meidet,
weils ihm Dracula verleidet.

Kommt jetzt noch der Schut dazu
und zum Schut der Manitu,
neben Göttern, Götzen, Geistern
und diversen Hexenmeistern,
die man vorne abgewehrt,
aber hintenrum verehrt.

Bürger, die Moral ist weg,
dient sie bloß dem schnöden Zweck,
den tumben Guten nur zu spielen,
doch insgeheim herumzudealen.

Wer Ethisches an Vorteil koppelt,
der zeigt Moral, und zwar gleich doppelt.
Nein, es stirbt das Seelenheil,
liebt man auch das Gegenteil.

Doch dies Land der Nimmersatten,
ohne Licht, doch voller Schatten,
ist von einer dunklen Kraft,
düster, karg und geisterhaft.

Und in dieser Szenerie
kriegt Ben Nemsi Poesie
als der Botschafter der Tugend
bei der Skipetaren-Jugend.

Und auch die gelehrten Leser
achten ihn als Fährtenleser,
denn selbst windige Naturen
hinterlassen ihre Spuren.

Drum sucht unser tapfrer Held
seinen Weg zur Unterwelt
sorgfältig und ohne Hast
auch am Wegrand, im Morast,
dann, auf ein paar flachen Stufen
sieht man Abdrücke von Hufen.

Schauernd, nachts, im Lampenschein,
möcht man nicht alleine sein,
doch er muss den Balkan retten,
muss bei Häuser-Silhouetten
in der Nacht die Spur aufnehmen
und dazu die alten Themen:

Jagd auf einen Bösewicht,
Flucht, Verfolgung, Strafgericht.
Schut, hier hast du dein Pendant,
voller Mut und Engagement.

Weil Ben Nemsi grad allein,
mischen wir uns kurz mal ein,
zwar erscheint es ungezogen,
kommt man ihm mit Dialogen,
doch ich sag nur einen Satz,
und die Antwort, ja, die hats:

»Führ den Balkan in die Wende!«
»Dafür brauche ich drei Bände.«
Das erscheint mir recht und billig,
Hauptsache, der Mann ist willig.
Wie ers sagte, so geschiehts,
Balkan wendete, man siehts.

DURCH DAS LAND
DER SKIPETAREN

Es braucht wahrlich Todesmut
dient man Aßfar, Sayrik, Schut,
drei Benennungen desselben,
serbisch ruft man ihn »den Gelben«.

Sieht man ihn bei Tageslicht,
wirkt sein Ananasgesicht
wie verrutschte Zellulitis
samt verschleppter Hepatitis.

Scheu, ein Feind des Tageslichts,
übersieht der Schut doch nichts.
Macht ein Kiosk plötzlich Miese,
kriegt der Gangsterboss die Krise.

Haben sie sich in den Haaren:
»Skipetaren, Skipetaren!«,
mahnt aus dem Versteck der Schut
und vergießt gleich etwas Blut.

Schaudernd lässts das Volk geschehen
und will seiner Wege gehen.
»Wollt ihr mich noch mehr verdrießen,
kommts zu weitrem Blutvergießen.«

Von dem Ausspruch stark ernüchtert,
zeigt sich jeder eingeschüchtert
und kehrt rasch zurück zum Klauen
und zum Auf-die-Pauke-Hauen,
um sich danach zu bequemen,
ein paar Geiseln mitzunehmen,
denn in solchem Bandenkrieg
ist der Opferschrei Musik.

Wenn die Geisel Stein erweichte,
triebs den Schurken mal zur Beichte.
Nur zur seelischen Belebung
holt er sich dabei Vergebung
weil er einen Halbsatz kennt,
stärker als ein Argument:
»Stehlen tu ich, denn ich kann das,
doch privat bin ich ganz anders.«

Wo man so das Recht verdreht,
ist, wer vor dem Richter steht,
meist nicht im Geringsten schuldig,
denn Papier gilt als geduldig.

So wird auch Kara zwar verhaftet,
was er jedoch recht gut verkraftet,
weil vor den Schranken des Gerichts
er sich ganz schlicht bekennt: zu nichts.

Stattdessen muss der Richter fliehen
und die Konsequenzen ziehen,
Unrecht hat er oft gesprochen,
dauernd das Gesetz gebrochen.
Vielfach hat er Recht geahndet,
jetzt wird mal nach ihm gefahndet.

Kara kann sich so inzwischen
still unter die Feinde mischen.
Darauf frönt er ungefragt
dem Hobby der Verfolgungsjagd,
prescht durch immer neue Schluchten,
um Schut-Banditen einzubuchten.

Nacheinander räumt er weg,
den Arzt und Weisen Müberek,
darauf den Tschurak, einen Schlachter.
So viele um die Ecke bracht er,
das wurd sogar ihm selbst zu bunt.
Gut, ich sach mal, das ist Schwund.

Bleiben noch die zwei Aladschy
einer groß wie zweimal Hadschi
Halef, aber aufgeschichtet
und im Muskelfleisch verdichtet,
kampferprobte Skipetaren,
die so furchteinflößend waren,
weil sie oft von früh bis spät
Opfer einfach hingemäht.

Konnten sie ihn nicht bezwingen,
also nicht gleich niederringen,
blieben das Heiduckenbeil,
Büchse, Säbel, Dolch und Pfeil.
Manchen machten sie auch kalt,
durch den feigen Hinterhalt.

»Haben Sie es nie bedauert,
dass Sie Kara aufgelauert?«,
würden heut Reporter fragen –
»Sicher, gut, was soll ich sagen?«

Nachher warn die Schreckens-Brüder
na ja, sichtlich lebensmüder,
denn da sahn sie sich geschockt,
platt gemacht und ausgeknockt.

Der eine guckt noch so verwundert,
rums, schon kriegt ers auf die Hundert,
und eh es dann beim Zweiten funkt,
trifft ihn Kara auf den Punkt.

Obwohl er kaum noch Atem hat,
verteilt er einen Uppercut.
Die Beine wollen nicht mehr taugen.
Aladschy eins wird schwarz vor Augen.

»Verzeihen Sie, ich bin so frei«,
spricht Kara zu Aladschy zwei,
»erwarten Sie jetzt kein Erbarmen,
gleich ruhn auch Sie in Morpheus' Armen.«

Blitzschnell wie ein Projektil
trifft der nächste Schlag ins Ziel,
der Gegner streckt die Zunge raus,
dann gehn ihm alle Lichter aus,
kein Treffer will ihm mehr gelingen,
Aladschy hört die Englein singen.

Ende gut, alles gut?
So leicht gehts nicht im Hause Schut.
Wir wünschen seine Wiederkunft
und List statt Siege der Vernunft
und ganz entsetzliche Verbrechen,
die er begeht, um sich zu rächen!

Und dass sein Hass nie mehr erkalte,
er als berittne Zornesfalte
durch Berge und durch Schluchten tobte
und niemals Besserung gelobte,
dann endlich stürbe mit Gestöhn,
das wär Karl May, ach, das wär schön!

DER SCHUT

Wo einmal nur das Böse vorquillt,
wirds im Handumdrehn zum Vorbild,
und kaum steht einer im Verdacht,
sagt er: Der hats mir vorgemacht!

Oder, schlimmer noch, er giftet:
Der da hat mich angestiftet,
und verweist zu diesem Zweck,
immer deutlich von sich weg.

Jeder, der ein Unrecht tut,
schiebt es nachher auf den Schut.
Mörder ist er, Gangster, Dieb,
aber obendrein Prinzip.

Ja, das Böse wirkt versteckt,
aber mehr noch indirekt,
jeder kann jetzt seine Sünden
mit der Macht des Schuts begründen.

Und der selbst hält sich bequem
abseits, denn sein Welt-System
funktioniert mit Denunzianten,
Wasserträgern, Informanten.

Schon für einen Hungerlohn
dient ihm mancher als Spion.
So führet dieser Herr der Laster
seine Bürger ins Desaster.

Vorhang auf für unsere Helden,
doch die haben nichts zu melden,
indes wer Hadschi Halef kennt,
weiß, er lässt als Assistent
sich am leichtesten verlocken,
meint, »der Sumpf ist morgen trocken«.

Da, als wär er nicht gewarnt,
haben Gangster ihn enttarnt,
und statt diese einzukesseln,
findet er sich selbst in Fesseln.

Tja, wer holt jetzt die Kastanien
aus dem Feuer in Albanien?
Man sagt Kara bloß Bescheid,
der den Halef rasch befreit.

Doch die Häscher können fliehen,
und was wird dies nach sich ziehen?
Wenn man schon so blöde fragt:
Verfolgungsjagd, Verfolgungsjagd!

»Ross und Reiter müssen laufen,
wollen wir den Schut uns kaufen.«
»Oder, besser noch, wir traben,
so lang, bis wir ihn denn haben.«
»Nein, wir müssen galoppieren,
wollen wir ihn arretieren.«

»Quatsch, wir müssen quasi fliegen,
so nur ist er zu besiegen.«
»Besser noch: in Windeseile
oder nein, im Gegenteile,
lieber pfeilschnell wie der Blitz«,
»Wind, Pfeil, Blitz, so 'n blöder Witz,
gleich bei ihm, an Ort und Stelle
rücken wir ihm auf die Pelle!«

»Ein guter Plan, bin hin und weg,
was noch fehlt, ist sein Versteck«,
spricht Hadschi Halef. Plötzlich kecker
fühlt er sich sichtlich als Vollstrecker.
Doch bei jähem Kraftaufwand,
fehlt ihm häufig Sachverstand.

Als Tourist im Ungefähren
hat er plötzlich einen Bären
auf zwei Tatzen über sich.
»Hilfe, dieser Bär meint mich,
hat den Mübarek gebissen,
ihn auf Bärenart gerissen,
Kara, bitte, warte nicht
drauf, dass er sich selbst ersticht.«

Und des Tieres letzte Stunde,
tritt durch eine tiefe Wunde
in das Herz des Bären ein.
Dort erlischt ihr Widerschein,
und man fragt sich, was es nützt,
wenn man so die Arten schützt.

Indes, es bleibt hier keine Zeit
für Pietät und Traurigkeit.
Mag der Bär auch so verenden,
liebts die Schöpfung zu verschwenden.
Schon der Zeugungshochgenuss
produziert ja Überschuss.

Doch was die Felsen schauern macht,
ist der grausige Verdacht:
Schut ist seinem Loch entkrochen,
hat die Obrigkeit bestochen,
diese nimmts ihm nicht so krumm,
bringt er manchmal einen um.

Kara sattelt Rih, den Rappen,
um in mehreren Etappen,
erst allmählich aufzuschließen,
und den Schut dann totzuschießen.
Der entzieht sich ihm durch Flucht
in die raue Teufelsschlucht.

Doch der Abstand wird geringer
der Aladschy-Paar-Bezwinger
nutzt jetzt seine letzte Chance
und versetzt sein Pferd in Trance:

»Rihti, Rihti, natt, natt, natt« –
dem Rappen ist das nicht zu platt,
besser das, als bös versohlt.
Schnell wird er! Und überholt!

Lässt den Schut getrost links liegen,
doch hier geht es nicht ums Siegen,
nicht darum, wer schneller ist
und den Ruhm kriegt als Solist.

Also fegt mit viel Trara
und mit vierzig km/h
Rih auf einen Abgrund zu,
und, man sagt da wohl: im Nu
hat er diesen unbeschwert,
doch gestreckt ganz überquert.

Wohingegen jetzt der Schut
gleichfalls einen Hopser tut,
doch er hopst nur, springt zu kurz
und erlebt so seinen Sturz
doppelt, denn er springt daneben,
gleichfalls springt er aus dem Leben.

Und es stürzen immer weiter
schreckgelähmte Ross und Reiter,
dann folgen wie bei Ikarus
Wirklichkeit und Todeskuss.

Da nun liegt er, ist zerschmettert
und kommt nicht mehr hochgeklettert.
Deshalb weiß, wer so was kennt:
Der Feind ist tot, heißt Happy End.

WINNETOU I

Was für zauberhafte Blüten
treiben die modernen Mythen,
wie das Phantasiegebilde:
Winnetou, der edle Wilde
und der allerfeinste Sohn
der indianischen Nation.

Ach, man lebt noch mal so gern
auf dem sonst so kalten Stern,
hat man einen solchen Helden
und nicht den aus Eggenfelden.

Ja, wer wäre nicht ein Fan
von dem »Roten Gentleman«
mit dem Teint, so braun und ledern,
und den vielen Adlerfedern
und der Ruhe in der Kraft
samt der hehren Leidenschaft.

Herkömmlicherweise waren
solche Wilden meist Barbaren,
jedenfalls aus Sicht der Weißen,
die auch »weiße Teufel« heißen,
denn sie bringen nur Zerstörung,
und die Woge der Empörung,
die sie damit provozieren,
lässt die Wilden reagieren.

Und so folgte Krieg auf Krieg
mit so manchem Pyrrhussieg
und an wieder andren Tagen
mit kompletten Niederlagen.

Ja, die Klarsicht scheint verdunkelt,
wenn man, statt zu kämpfen, schunkelt,
bloß weil die Indianer-Hasser
mit der Waffe Feuerwasser
erst die Schwachen leicht betörten,
dann die übrigen zerstörten.

Nein, dem menschlichen Geschlecht
ging es nicht ums Völkerrecht,
es ging nicht um Tradition,
Sitte, Glaube, Gotteslohn.

Statt dem ganzen Brimbamborium
kämpfte man ums Territorium,
und des Krieges späte Beute
ist der Zustand namens: Heute.

Amerikanisch hieß dies »Traum«,
sonst: »zerstörter Lebensraum«.
Platt gemacht durch die Miliz,
abgesichert durch Justiz,
fehlten solchen Straf-Aktionen
alle Legitimationen.
Rechtsprechung der Borderline –
das soll Law and Order sein?

Das Geschick der Afrikaner,
der Azteken und Indianer,
ist sich immer gleich geblieben.
Aufgerieben und vertrieben
wurden sie und dann erneut
über alle Welt verstreut.
Viele überleben nur
in den Kellern der Kultur.

Weltgeschichte ist fatal,
und sie wird erst ideal,
wo sie, anders ausgerichtet,
sich zur Poesie verdichtet
und das wahre Gute kennt:
Winnetou, Old Shatterhand.

Mag er uns auch manchmal fern sein,
Winnetou muss nicht modern sein,
denn wir konzedieren neidlos:
Winnetou ist einfach zeitlos.

Man liegt da bequem auf Kissen,
will von nichts und niemand wissen,
doch man fragt: Was treibt er nur
in der endlosen Natur?

Die Prärie ist weit und breit
ganz ein Ort der Einsamkeit.
Wo man hinsieht, gibt es bloß
die Natur und ihren Schoß.

Endlos, sanft, geschwungen, herrlich,
gleich darauf auch mal gefährlich
lebt in glücklichen Momenten
sie dank dreier Komponenten:
Himmel, Gras und Horizont
– und kein Roter, der sich sonnt.

Winnetou tritt ganz allein
in die Steppen-Landschaft ein,
wo er alle irritiert,
weil er so gerne reflektiert,
dass man manchmal beinah glaubt,
er gehe mit gesenktem Haupt,
als wolle er im Steppenrasen
niederknien und erst mal grasen.

Doch auch sein filmisches Verständnis
fördert seine Selbsterkenntnis.
Als er sich im Spiegel sah,
war gleich die Erkenntnis da:

Komisch, vage ähnelt dies
der Erscheinung von Pierre Brice.
Doch in Intschu Tschunas Namen:
Bitte, das nicht! Danke. Amen.

WINNETOU II

Der Westen ist ein weites Feld,
speziell der Wilde, denn er hält
zwar Überraschungen bereit,
doch nebenher viel freie Zeit.

So bleibt noch zwischen den Verbrechen
Raum für liebende Versprechen:
»Schießt dich vorher niemand tot,
nehm ich dich, die Braut trägt Rot.«

Das gilt fast als Poesie
unter Frauen der Prärie,
die zwar gerne lange schmachten,
ohne nach dem Ring zu trachten,
keine Kutsche doppeltürig
und auch keine Liebeslyrik
mit dem rechten Kitsch-Profil
und dem Liebeslyrik-Stil:
»Ausdruck meiner Minne: Du
Roter Krieger, Winnetou!«

Nein, das ist nichts für die Besten
aus dem wahren Wilden Westen.
Ihnen prophezeit die Fama
je ein echtes Liebesdrama.
Für Winnetou und Shatterhand
kommt es nicht zum Happy End.

Jener liebte einst Ribanna,
nur noch um sie trauern kann er,
erst hat sie Freier Tim verlacht,
dann hat sie dieser umgebracht.

Gut, wenn die besonders Fiesen
als Gatten werden abgewiesen.
Doch wer ein Mannsbild so verschmäht,
wird später oftmals hingemäht.
Das scheint im Wilden Westen Law
und gilt für Bleichgesicht wie Squaw.

Na ja, und wer N'tscho Tschi kennt,
der weiß, sie liebte Shatterhand,
liebt ihn nicht nur, nein, sie glühte,
doch im Schatten ihrer Blüte,
hat der Santer sie geknickt
und ins Schattenreich geschickt.

So braucht es keinen Freundschaftspakt
vor dem nächsten Racheakt.
Nach einem Bande »Winnetou«
kommt dieser folglich nicht zur Ruh.

»Seinen Seelenfrieden will er?
Soll er kriegen, N'tscho Tschis Killer«,
sagt er zu Old Shatterhand,
der dieselben Sorgen kennt:
»Wenn ich nur noch einen totschieß,
wirds der Mörder sein N'tscho Tschis.«

Rächend wird der Jüngling Mann,
und so kommt zu Winne One
noch ein neuer Band dazu,
mit dem Titel Winne Two
samt beklagenswerten Fällen
von zwei trüben Junggesellen,
einem Weißen, einer Rothaut,
der die Zeit nicht lebt, nur tothaut.

Drauf fragt schlicht Old Shatterhand
»Tell me, what's the matter, friend?«
»Ach, das Töten wird banal,
außer das am Marterpfahl.
Doch was man den Menschen nie sagt,
ist, wie schlimm man sie hier piesackt.«

Also spricht der wilde Mann.
Pause. Schweigen. Es folgt dann:
»Mancher sieht die Achterbahn
schon als eine Marter an,
doch die wahre Macht der Qual
gibt es nur am Marterpfahl.
Ja, es warten schwere Stunden,
wird man dort mal angebunden.«

Wer das schon präzise kennt,
sind Winnetou und Shatterhand,
weil sies nicht verhindern konnten,
dass sie manchmal zwischen Fronten,
Feinden in die Hände fielen –
martern wollen die, nicht spielen –,
eh sie sich die Freude machten,
jenen nach dem Leib zu trachten.

Und das muss man schon verstehen,
denn das Wort im Mund verdrehen,
lügen und Intrigen spinnen,
Zweifel sähen, Land gewinnen,
drauf versteht sich so ein weißer,
geldbesessner Tüpfli-Scheißer.

Genau so führt ein böser Mann,
der Mörder Tim, die Ponka an.
Sein Einfluss auf den Stamm ist schlecht,
und eh Ribanna nicht gerächt,
kriegt nie und nimmer seine Ruh,
der Mörder Tim vor Winnetou.

So kämpfen Rote gegen Rote
und steigern ihre Toten-Quote.
Es muss den Menschengeist beklemmen,
sieht er, wie aus diesen Stämmen
Krieger (doch im Grunde Brüder
und der Kämpfe täglich müder)
als die Folge von Intrigen
sich nun in den Haaren liegen
und, nur weil sie aufgehetzt,
sich am Ende schwer verletzt
unter ihresgleichen finden,
ehe schon die Sinne schwinden.

Gleich und Gleich gesellt sich gern,
nur dem Tod liegt Gleiches fern,
und er stellt vors Weltgericht
gerne manches Bleichgesicht,
und auch manchen frommen Sack
fällt er mit dem Tomahawk.

Schien er uns nicht anfangs müde,
Winnetou in Solitude?
Du, im Reich der Sinne, du,
hehrer, keuscher Winnetou?
Wo Ribanna er entsagte,
doch sich heimlich selbst befragte:
Bleib ich ohne mon chérie,
hab ich nichts als die Prärie?

Man folgt seinem kühnen Ritt,
macht auch seine Zweifel mit,
sieht ihn wehrlos, auch einmal
fest vertäut am Marterpfahl,
sieht ihn zwischen wilden Tieren,
sieht die Gegner triumphieren.

Jetzt wirkt Winnetou geschlagen
und bedrückt von schweren Fragen.
Auch nach fairer Expertise
steckt er in der Lebenskrise,
wo es niemanden erheitert,
zuzusehen, wie er scheitert.

Doch selbst in dieser Eigenschaft
spendet er uns Lesern Kraft,
man liegt einfach da und denkt sich:
Nein, der scheitert nicht, der fängt sich.

Scheint der Mensch auch schnellverderblich,
wirkt doch Winnetou unsterblich,
kämpft fürs Gute unverdrossen,
wird auch dabei Blut vergossen.

Doch er kämpft auch mit Problemen,
mit den Indianer-Themen
Büffel, Dampfross, Bleichgesichter,
Feuerwasser, Friedensrichter,
Skalps und Squaws und Kriegsbemalung
und Bei-Krankheit-Lohnfortzahlung.

Also irrt, wer nicht bedenkt:
Winnetou wird nichts geschenkt.
Ist sein Leben auch riskant,
füllts doch schon den dritten Band.

Und es wird noch mal bekannter,
jagt er den Ganoven Santer,
der durch Täuschung und Theater
Schwester meuchelte und Vater.

Winnetou, es darf nicht sein,
dass Komplizen den befrein
und er erst an höhrem Ort
sühnen muss den Doppelmord,
er, der sich ins Fäustchen lachte
und sie um die Ecke brachte.

Deshalb höre den Appell:
Werd zum Rothaut-Wilhelm-Tell,
lass die andern ruhig mal quatschen,
du befehligst die Apachen.

Nur vereint in euerm Mut
holst du dir des Santers Hut,
um nichts anderes zu sagen,
denn das weckt bloß blöde Fragen,
Fragen nach dem Massakrieren
und Die-Kopfhaut-Wegskalpieren.

Winnetou hängt ja nur halb
an der Sache mit dem Skalp,
einerseits ist der ein Fetisch,
andrerseits nicht sehr ästhetisch.

Also, auf gewundnen Wegen
zieht man nun dem Feind entgegen,
der am Rand für etwas Geld
noch das Dampfross überfällt.

Uns scheint so was kolossal,
damals wars ein Ritual,
dem Schurken wurde erst geglaubt,
hatt er die Eisenbahn beraubt,
worauf er, selbstbewußt geworden,
begann mit Sengen und mit Morden.

Ohne Fern- und Operngläser
zeigen sich als Fährtenleser
Winnetou und Shatterhand,
der die Weißen besser kennt:

Die sind schuld am Tod King Kongs,
an dem Fast Food, an der Bronx,
an der Boygroup-Singerei,
am Klima und am Toast Hawaii.

Auch die Roten werden rüder,
nennen sie statt Schurken Brüder.
Rache ist das große Thema,
ist kein Casus, kein Problema,
denn man nähert sich ihm praktisch
und in zweiter Linie taktisch.

»Fällt mir Santer vor die Füße
kriegt die Rache ihre Süße«,
kommentierte Winnetou,
ritt auf einen Hügel zu,
und von diesem Berg Bellevue
sieht er unten grasen Küh,
dampfen Pferde, glänzen Rinder,
dazu goldgeschmückte Kinder.

Und es lieben die Apachen,
wie die Waschweiber zu tratschen,
und so tragen sie die Phrase
von Oase zu Oase,
wo so mancher Medizinmann
zweifelt, aber nicht umhin kann,
unter seiner Löwenmähne
mitzuschmieden Rachepläne:
»Willst du weiße Schädel spalten,
nutze die Naturgewalten.«

So zeigt der Krieg in der Savanne
überall das Kind im Manne,
nur die Weisen sagen: »Rache,
das ist keine Nebensache,
manche, die dann später fielen,
wollten mit dem Feuer spielen.«

Winnetou hört diese Mahnung,
schwer bedrückt von einer Ahnung,
und sein Freund Old Shatterhand
der das Wüsten-Wetter kennt,
sieht tief in den Dunst der Ferne.
Was er sieht, sieht er nicht gerne.

Dieser Blick vom Feldherrnhügel,
er verleiht der Seele Flügel,
sie durchschweift das Panorama
und erblickt das Heldendrama:
Zwischen zweiunddreißig Zelten
tobt schon bald ein Kampf der Welten.

Weiße, Rote, wild gemischt,
manches Lebenslicht erlischt,
und der Schnitter namens Tod
ignoriert frech das Gebot.
Deshalb ist es wohl vonnöten,
sagt man ihm: Du sollst nicht töten!

Da, wo keine Grille zirpt,
weiß man: Winnetou verstirbt.
Doch es siegen nicht die Schlechten,
sondern auch noch die Gerechten,
und was besser ist als das:
Auch der Santer beißt ins Gras.

Indes am allerbesten ist:
Winnetou wird endlich Christ,
und er findet seine Ruh
nicht im Schoß des Manitu,
sondern orientiert sich seelisch
ganz zuletzt noch evangelisch
oder, weil er melancholisch,
doch am Ende noch katholisch.

Engel singen: Gerade du, ja,
du verdienst mit Hallelujah,
ohne Bimbes und Bestechung
ebenfalls die Seligsprechung.
In dulci jubilo
und Santo subito!

Vom Reisen singt Karl May ein Lied,
die Welt ist wild, wo er sie sieht.
So schaut er auf den Erdenkreis,
und denkt: Gib dein Geheimnis preis!

Die Fremde mischt er nicht synthetisch.
Fern, wie sie ist, wirkt sie poetisch
mit ihren Wäldern, Wassern, Düften,
Geheimnissen, die noch zu lüften,
mit aufgepeitschten Elementen
und sonderbaren Temperamenten.

Kaum nähert er sich ihr begehrlich,
zeigt sie sich außerdem gefährlich.
Soll ein Aufenthalt sich lohnen,
muss um Banden und Schwadronen
man den größten Umweg machen,
möglichst keinen Streit entfachen,
nicht des Nächsten Weib begehren
und sich bloß um Eignes scheren.

Doch hat man dieses nicht getan,
wie schreibt man dann einen Roman?
Man sagt, man fühle sich betrogen,
in einen Streitfall reingezogen
und sei dann erst verhaftet worden,
nun wolle man Sie noch ermorden.

Dies sei ein Fall von Despotismus
und schade sicher dem Tourismus.
Man fordre rasche Amnestie,
sonst rufe man Diplomatie.

Prompt bekommt man das Theater,
es schäumt der Rio de la Plata,
vor Wut und Abwehr und Empörung
schreit man dort: Verrat! Verschwörung!

Wo die tödlichen Schwadronen
statt der Staats-Institutionen
willkürlich Gesetze beugen
und Prozesse ohne Zeugen,
ohne Anwalt und Berufung,
ohne jede Feinabstufung
in der Strafbemessungsgrenze
richten und Justiz, zur Gänze
blind und taub und stark verroht,
immer gleich den Tod androht,
zeugt vom Fluch der bösen Tat
das Gebilde Unrechtsstaat.

Aber weil dies zwar riskanter,
aber dafür interessanter,
liebt des Autors Phantasie
stets die Kriminologie.

Südamerikas Nationen
werden nachdrücklich betonen,
all das sei Vergangenheit
unerhört in unsrer Zeit.
Doch wir ahnen, dass es blieb,
seit Karl May darüber schrieb.

Und er zeigt uns diese Länder,
ihre Zentren, ihre Ränder,
nicht allein katastrophal,
sondern mehrdimensional,
Land und Leute, die gesamten
Bauern, Jäger und Beamten,
Rassen, Stämme, Völkergruppen,
Richter und Regierungstruppen.

Er beschreibt United Colours
und dazu zwei Guatemalas,
eins der Anden-Phantasie
und der Hochland-Szenerie
und das andre der Intrige,
der Korruption, der Bandenkriege.

Gefangen zwischen diesen Welten,
soll Held Charlie das vergelten,
was seit Monaten und Wochen
hat ein Staatsfeind hier verbrochen,
der bekannt als bunter Hund
agitiert im Untergrund.

Ist es auch im Grunde fairer
träumt man revolutionärer,
will bei Schwarzen, Roten, Bleichen
Ebenbürtigkeit erreichen,
kann es doch das Leben kürzen,
will man die Regierung stürzen.

Folgen dann auf Träume Taten,
glaubt der Staat sich gut beraten,
einen Schuft zu präsentieren,
ein Exempel zu statuieren,
und schon eine Petitesse
reicht ihm aus für Schauprozesse.

Von außen ist das gar nicht fasslich,
pro forma spricht man von »mutmaßlich«.
Das wird alles hingedrechselt,
gerne wird der Held verwechselt
mit dem Revolutionär,
denn man hofft sehr, dass ers wär.

»Erst mal halt ichs für abnorm,
trägt ein Richter Uniform«,
belfert Charlie ungestüm,
»nein, ein Karnevalskostüm!

Und erlogen und erstunken
ist es, mich als den Halunken
standgerichtlich anzuklagen,
und noch … nein, mir platzt der Kragen!
Wenn Sie mich erklären ließen,
könnten Sie mich nicht erschießen.«

Doch dem Richter General
scheint das Ganze recht banal,
er simuliert, er wägt und wartet,
das ganze Spiel ist abgekartet:

»Still, ich sage dir im Guten
in den nächsten zehn Minuten
gehn zwölf Kugeln durch die Stirn,
durch den Schädel in das Hirn.
Du wirst zügig abserviert
und im Hofe füsiliert.«

Charlie tritt vor das Gericht:
»General, das duld ich nicht«,
seine rechte Faust schnellt vor,
und schon fällt sie den Major.

Alle andern stehen und gaffen,
in den Lauf der Feuerwaffen,
Angst, Entsetzen und die schiere
Wut lähmt erst die Offiziere.
Dann bedroht er seinen Richter,
ringsum flackern Lebenslichter.

Fassungslos und stark ernüchtert
steht die Obrigkeit verschüchtert,
weils Gelegenheiten gibt,
wo auch sie ihr Leben liebt,
und ihr prompt die Pumpe geht,
wird der Spieß mal umgedreht.

Karl May dagegen wird emphatisch,
gern aus voller Brust dramatisch
in Szenen von der Dritten Art,
wo Helden er vor Knast bewahrt.

Und er rettet sie zuhauf.
Gemäß dem eignen Lebenslauf
ist, Gefangenschaft zu hassen,
ganz normal bei Knast-Insassen.

Deshalb stimulierts Karl May,
lässt er einen Helden frei
und folgt dessen Lebenslinien
bis hinaus nach Argentinien,
in die große freie Welt,
wie er sie sich vorgestellt.

Als ihm unerträglich schienen
seine schwedischen Gardinen,
lernte er: Das größte Glück
kehrt im Augenblick zurück,
da man sich aus seiner Zeit,
seinen Zwängen selbst befreit.
Ob Ehe, Haft, ob Tyrannei,
man geht und sagt: Ich bin so frei.

IN DEN CORDILLEREN

Ob hier, ob übern großen Teich,
so manches bleibt sich einfach gleich.
So gibts auch in den Cordilleren
große Bösewichts-Karrieren,
und mancher Anden-Edelmann
grapscht manch Banden-Mädel an.

Wenn einer seiner Jungs dann flucht,
dann hat ers wenigstens versucht.
Wer Widersprüchliches vereint,
ist nur ganz selten, wie er scheint.

Nehmen wir den Sendador,
der kommt uns charismatisch vor,
berühmt, gewandt und voll Erfahrung,
besitzt er diese seltne Paarung
aus gedanklicher Präsenz,
geschickt verquickt mit Commonsense.

Misst man ihn an seinen Werken,
ist zunächst mal nichts zu merken.
Wer Klugheit sucht, wird bei ihm fündig,
und Klugheit macht ihn hintergründig,
dem Volk erscheint er unverzichtbar,
aber wann wird das auch sichtbar?

Diskret nennt er sich Andenführer,
ist vielleicht auch Volks-Aufrührer,
der ein System des Schreckens schuf,
ein schlechter Mann von gutem Ruf?

Ja, wie sollen wir das wissen,
treibt ers hinter den Kulissen?
Andenführer, Andenführer,
heißt das auch Konflikte-Schürer,
heißt das offen Heils-Versprecher,
aber heimlich Schwerverbrecher?

Unser Held hat, vorgewarnt,
diesen Führer rasch enttarnt:
Er besitzt die Knotenschnur
und mit ihr die heiße Spur
aus den Mauern seiner Finca
zum versteckten Schatz der Inka –

wie der Goldschatz aus Phönizien
kolossal, doch die Indizien
für den Fundort sind vergraben,
wodurch sie einen Nachteil haben:
Dieser Schurke Sendador
hat was Großes mit ihm vor.

»Doch bei Kind und Kindeskindern
gilt es, dieses zu verhindern«,
spricht der Held, »nicht demagogisch,
sondern eher ethnologisch
ist mein Interesse, nur:
Was ist eine Knotenschnur?

Ich versteh den höhren Zweck
von Palmzweig, Taube, Union Jack,
Berliner Bär, Bourbonen-Lilien
doch nicht von solchen Utensilien.

Und umgekehrt: Was ich nicht weiß,
das erst macht mich so richtig heiß.
Nur deshalb bleib ich auf der Spur
dieser ominösen Schnur.

Gesagt, getan, doch nicht alleine.
Die Gier macht den Verfolgern Beine.
Alle tuscheln, tratschen, schwafeln
von geheimnisvollen Tafeln,
die den Inka-Schatz skizzieren
und ihn auch lokalisieren.

Muss der Schätzesucher warten,
liegt es meistens an den Karten,
ihre Zeichner sind vergesslich
oder extra nicht verlässlich,
deshalb fragt sich alle Welt,
wem zuerst der Groschen fällt.

Zum Beispiel steht beim Sendador
der Fund des Schatzes kurz davor,
der Rest ist kleines Einmaleins,
so scheints.

Aber noch wird nichts riskiert,
weiß er sich doch observiert.
Beim Verfolger hats gefunkt,
das Drama kommt zum Höhepunkt.

Das muss man bitte wörtlich nehmen,
denn die großen Menschheitsthemen
Soll und Haben, Sein und Schein,
Gottes Gaben, Mark und Bein
werden, weil es sich bewährt,
von Karl May am Berg geklärt.

Dies folgt meistens einem Tick,
einem Drang nach Überblick,
denn die Sicht ist wunderbar
auch im Klima der Gefahr,
und man kann die Handlung kürzen,
lässt man einen runterstürzen.

Weiß man, wie der Autor tickt,
mag man folglich den Konflikt
zwischen Böse und Verrucht,
der die Bergeshöhe sucht,
denn statt der Konfliktvermeidung
sucht der Autor die Entscheidung.

Und die inszeniert er so
auf dem höchsten Felsplateau,
als ob zu entscheiden wären
Wohl und Weh der Cordilleren.

Ein Schurke auf dem Dach der Welt
hat den Sendador gestellt,
ihm die Hände auf dem Rücken
fest vertäut, doch hilft kein Drücken,
weil der andre mit viel Kraft
sich noch etwas Luft verschafft.

So von Sauerstoff umfächelt,
pumpt der Sendador und hechelt.
Des andern Position ist besser,
er zieht ein giftbesprühtes Messer.

Der Sendador beginnt zu schrein,
der Poncho schränkt ihn auch noch ein,
und zu einem solchen Tode
trägt man lieber andre Mode.

Ach, die Kraft lässt ihn im Stich,
aber »ich ergebe mich«
kommt nicht über seine Lippen,
muss er auch am Abgrund wippen,
fehlt dem Sendador zum Glück
allenfalls ein Schritt zurück.

Achtung, fertig, diesen tut er
und am Fuß des Berges ruht er?
Man ahnte es, man konnt es wissen,
er hat den Schurken mitgerissen,
und dieser liegt im Tal zerschmettert
doch, huch, der Sendador, er klettert.

Weil Karl May sein Ende scheut,
eh er nicht sein Tun bereut,
lässt er ihn in seinem Sturz
noch mal halten, doch nur kurz,
und so hängt auf halber Strecke
Sendador an Felsenecke.

Ja, wer hätte nicht gewettet,
dass der Sünder ungerettet
wär im Abgrund jäh verschwunden.
Doch um so was abzurunden,
ist es wichtig, er erkennt,
was man gern »Fallhöhe« nennt,
und der Leser ist bestrebt,
dass er sie nicht selbst erlebt.

WEIHNACHT!

Wie bringt man Glück und Ehekrach
gemeinsam unter Dach und Fach?
Es gibt gewiss verschiedne Arten,
auf eine muss man ein Jahr warten,
doch dann, wenn draußen Kälte klirrt,
es drinnen lichterheilig wird,
der Glockenturm zum Segen rief,
dann hängt der Haussegen gern schief,
Töpfe und Gemüter kochen:
Denn Weihnachten ist angebrochen.

Jetzt wird der Gläubige penibel
studiert im Wortlaut seine Bibel,
des Jüngsten Tages ernste Warnung
nutzt er zur religiösen Tarnung,
Verse werden aufgeklaubt,
damit man ihm den Glauben glaubt.

Ja, du darfst dich gern beömmeln,
siehst du manchen Frömmler frömmeln,
doch eh du dich gleich stolz entfernst,
wisse: Herrn Karl May ists ernst.

Die Seele ist ein Wechselwähler,
drum wird der Autor Ich-Erzähler,
wo er den Königsweg der Tugend
in dem Gestrüpp der eignen Jugend –
und damals war sie noch verrucht –
selber darzustellen sucht.

Und weil es grad so glänzend passt,
beschreibt er sich als Gymnasiast,
der, dem Weihnachtsfest verpflichtet,
zweiunddreißig Strophen dichtet,
voller gläubiger Emphase,
innig mystischer Ekstase:
Dass ich lebe, Gott vergelts,
Hosianna, Jingle Bells?

Falsch, sie pflegt den hohen Ton,
die Karl-May'sche Urversion.
Gut geeignet, Trost zu spenden,
so dass alle Frieden fänden,
Unbekannte, Freunde, Feinde,
die versammelte Gemeinde:

So hat er sie angelegt.
Der Winter durch die Gassen fegt,
und drinnen wird es jetzt minütlich
von jetzt auf gleich schlicht urgemütlich.

Deshalb sitzen sie am Ofen,
tolerieren alle Strophen,
die Karl May zum Vortrag bringt,
auch wenns nicht komplett gelingt,
weshalb er sie arg reduziert
und im Buch nur fünf zitiert:

»Ich verkünde große Freude,
die euch widerfahren ist,
denn geboren wurde heute
euer Heiland Jesus Christ!

Jubelnd tönt es durch die Sphären,
Sonnen kündens jedem Stern;
Weihrauch duftet auf Altären,
Beter knieen nah und fern.

Horch, da schallt vom nahen Dome
Feierlich der Glocken Klang,
Und im majestätschen Strome
Schwingt sich auf der Chorgesang:

Herr, nun lässest du in Frieden
Deinen Diener zu dir gehn,
Denn sein Auge hat hienieden
Deinen Heiland noch gesehn!

Mancher kriegt den Musenkuss
unverhohlen auf die Nuss,
und dann bleibt der Selbstentfaltung
nur noch diese edle Haltung:
Sterben ist zwar jammerschade,
doch der Gläubige nennts Gnade.«

Die Verse sind kaum rezitiert,
da hat der Opa ventiliert.
Da sie ihm den Atem rauben,
muss er sogleich daran glauben,
und er wird nicht recht beneidet,
weil er unter Lyrik scheidet
und dazu noch unter dieser,
denn die macht das Sterben fieser.

Eine Reih von Jahren später:
May wird Wiederholungstäter.
Dezember ists im Wilden Westen,
inzwischen zählt er zu den Besten,
die man in dieser Gegend kennt,
und trägt den Namen Shatterhand.

Die Zeit beweist Zerstörungskraft
und hat schon vieles hingerafft,
aber vieles doch auch nicht
wie dies schwülstige Gedicht.

So sitzen sie im Wilden Westen
über ihren Essensresten,
Greenhorns, Reisende, Indianer
und ein Radebeulianer.

Gerade hat die Winternacht
die schlimmsten Feinde umgebracht,
denn noch vor der ersten Strophe
kam es zu der Katastrophe,
als der tief verschneite Berg
krönte sein Vernichtungswerk,
und die Gruppe der Halunken
ist im Strom der Zeit versunken.

Was Old Shatterhand nicht schafft,
schafft nur höhre Glaubenskraft,
mit der Wucht von wilden Wettern
böse Gegner zu zerschmettern.

So, jetzt wird die Stimmung festlich
und die Mahlzeit überrestlich,
doch man denkt nicht materiell,
sondern fühlt spirituell.

Spiritueller geht es nicht,
als ein passendes Gedicht
feierlich zu deklamieren,
Heiden wegzumissionieren.

Also hebt der Schulfreund an
von Shatterhand und Weihnachtsmann,
zitiert beseelt aus dem Gedächtnis
des Deutschen lyrisches Vermächtnis.

Es sitzt auch Winnetou daneben,
er schien nur tot, er ist am Leben,
doch nimmt er sich zum Schein der Kerzen
jede Zeile sehr zu Herzen:

»Betend faltet er die Hände,
Hebt das Auge himmelan:
Vater, gib ein selig Ende,
daß ich ruhig sterben kann.

Blicke auf dein Kind hernieder,
das sich sehnt nach deinem Licht;
der Verlorne naht sich wieder;
geh mit ihm nicht ins Gericht!«

Der Schulfreund senkt die Augenlider,
sinkt dann tot zu Boden nieder.
Darin steckt etwas Abgefeimtes,
um nicht zu sagen, Ungereimtes,
und jeder ringsum sieht, auch diese
Weihnacht kommt nicht aus der Krise.

Ein Obduktionsbefund schreibt nie:
»Tod infolge Poesie« –
doch ists ein Tod, der Hoffnung birgt,
denn er besagt auch: Dichtung wirkt!

DER SOHN DES BÄRENJÄGERS

Die Besten aus dem Wilden Westen,
die waren so wie Charlton Heston,
holzgeschnitzte Mannsgesichter
und begabte Bösewichter,
mit dem echten Männer-Hobby
Schießen für die Waffen-Lobby,
Jagen, Kämpfen, Töten, Raufen
und ein bisschen Amoklaufen.

In solchen Breiten kanns passieren:
Man will sich friedlich arrangieren
zwischen Weißen, Schwarzen, Roten,
da sieht man schon den Hiobsboten.

Grad hat man sich im Glück gesonnt,
verdüstert sich der Horizont,
und man erfährt zutiefst besorgt,
das Glück der Erde ist geborgt,
man kann es nicht zurückverlangen:
Die Sioux halten Pa gefangen.

Ihm bleibt nur noch die Qual der Wahl:
Selbstmord oder Marterpfahl,
woran man ihn trotz seiner Wunden
unumwunden festgebunden.

Es klagt, es reklamiert der Sohn
die Anti-Marter-Konvention,
doch keiner, keiner hört ihm zu
der Sioux sagt bloß: »Je m'en fou!
Hast du den Bratendunst nicht gern,
dann besser bleib der Küche fern.
Der Westen ist kein Schubidu,
das weiß man doch von Winnetou!«

Martin Baumann ist als Sohn
weltanschaulich monoton:
Den Vater hat er auch gehasst,
weil der ihm manchen hat verpasst,
er hat ihn aber auch geliebt,
grundlos, einfach weils ihn gibt.

Doch es wird der Sohn erst Mann,
kommt er gegen Daddy an,
und so winkt dem Mann, dem Sohn
nun die Emanzipation
in besonderer Verkettung
als des Vaters Lebensrettung.

Dieser wurde grad erneut
an dem Marterpfahl vertäut.
Ihn umtanzen seine Ahnen,
Zottelgreise und Schamanen.
Angesichts so vieler Wunden
rechnet er mit letzten Stunden.

Unterdessen zieht der Sohn
Richtung Park von Yellowstone,
zu den Sioux-Opferstätten,
zum gepflegten Lebenretten.

Doch steht seine Existenz
ganz im Zeichen von Suspense.
Deshalb wird er unterbrochen …
Aus der Höhle angekrochen,
und das nicht von ungefähr,
kommt ein großer Grizzlybär.

Großes Ödipus-Theater!
Solche jagt doch sonst der Vater.
Jetzt ist auch der Sohn bereit
für den Test der Männlichkeit,
stimuliert von der Melange
aus Empörung und Revanche.

Denn seit seinen Kindertagen
will der Junge Bären jagen,
seit mit einem knappen Biss
ein Grizzly seine Schwester riss,
die ihm zu mehr Vorsicht riet,
anschließend sogleich verschied.
Es blieben nur ein Mädchenrock
und ein traumatisch tiefer Schock.

Gegen all das kommt er kaum an,
unser Sohn und Bruder Baumann,
doch an diesem einen Tage
klärt sich dreifach seine Lage,
als der Grizzly riesenhaft
und mit seiner Bärenkraft
sich in Positur gestellt
zur Bedrohung aller Welt.

Doch die Drohgebärde macht,
dass der Kämpfergeist erwacht.
Macht der Bär so ein Theater,
wird der gute Sohn zum Vater,
nämlich nicht bloß Waffenträger,
sondern ernsthaft Bärenjäger,
einzig ganz kurz abgelenkt,
wenn er an die Schwester denkt.

Schließlich bleibt noch sein Begleiter,
von Natur so schwarz wie heiter,
den er als integer kennt,
wenn er ihn auch »Neger« nennt.

Der flüchtet auf den nächsten Baum,
doch dessen Krone hält ihn kaum.
So steckt er also in der Tinte,
dem Sohn bleibt nur noch seine Flinte.

Er schießt dem Grizzly auf die Hundert,
der zuckt zusammen, schaut verwundert,
drauf donnert schon Schuss Nummer zwei,
ein Bärenleben zieht vorbei.

Weil sie nicht zum Sehen taugen,
schließt er auch die innern Augen,
als sich dann nichts mehr bewegt,
weiß der Sohn: Er ist erlegt.

Dass solche Jagdinstinkte wüten,
folgt den alten Männermythen:
Wo Jungs die Jugendzeit verließen,
da ging es stets ums Blutvergießen,
angeblich reift man so zum Mann
und hat auch sonst die Hosen an.

Man unterstellt, die Gattin sähe
den Gatten lieber mit Trophäe.
Die so geballte Männlichkeit
verkürzt des Bären Lebenszeit.

Und weil so viele Mann sein wollen,
verenden diese wundervollen
starken, wilden Kreaturen
im Dienst von weichlichen Naturen.
Um denen alles zu verderben,
droht jetzt der Grizzly auszusterben.

DIE SKLAVENKARAWANE

Nach beklemmenden Berichten
von Todeshatz und Standgerichten,
von Sklaventreibern, Sklavenjägern
wurde von Bedenkenträgern
darauf aufmerksam gemacht,
dass man Bürgerkrieg entfacht,
Menschenrechte schwer verletzt
und sich selbst ins Unrecht setzt,
wenn man es nicht akzeptiert
und entsprechend praktiziert:
Ob schwarz, ob gelb, ob rot, ob bleich,
vor Gott sind alle Menschen gleich.

Angesichts des Streits, wen wunderts,
wenn gegen Ende des Jahrhunderts
auch Weiße Rassen-Tyrannei
verachteten wie Sklaverei
und sie den Sklavenhandel kippten
erst im Sudan, dann in Ägypten.

Kaum spielt die Weltgeschichte da,
ziehts auch Karl May nach Afrika.
Wo Krieg, Gewalt, Rassismus herrschen,
da folgt der Autor mit Recherchen,
von Turbulenzen angezogen
erfindet er zwei Ethnologen,
und diese folgen beide stetig
ihrer Völkerkundler-Ethik.

Will man kein Schreibtischtäter sein,
dann zählt allein der Augenschein.
Drum reicht kein Forschungskommentar
dem deutsch gebornen Brüderpaar,
das, mit Wissensdrang gesegnet,
uns in Afrika begegnet.

Man reist auf zwei getrennten Routen,
im Geist der Wissenschaft, der guten,
denn die Botschaft ihres Parts
steckt im Namen, nämlich »Schwarz«.
Weil sie mit Herz für Sklaven kamen,
erfand der Autor diesen Namen.

Grad die so genannte heile
Welt ist voller Vorurteile.
wie: Freiheit fordert ihren Preis,
ertrunkne Neger werden weiß.

Nachdem sie sich gebildet hatten,
fühlten sie sich wie Mulatten,
und der eine sprach: »Ich schätze,
alle diese Gegensätze
konnte man bloß konstruieren
mit dem Zweck zu schikanieren.

So was muss man Lügen strafen,
grad im Amt des Geographen,
wir zerstören nur Verkehrtes
und bewahren Wissenswertes.«

Ist auch der Ursprung diffizil
des Weißen und des Blauen Nil,
in manch kontinentalem Staat
kommt man zu dem Resultat:
Wer zwei und zwei zusammenbringt,
der weiß bald, wo der Nil entspringt:

Wo genau durch das Gebiet
eine Karawane zieht.
Hunderte von Neger-Leibern,
fest vertäut von Sklaventreibern,
die sich Heeresführer wähnen
dieses schweren Zugs der Tränen.

Trotzdem konnte es passieren,
dass zwei Sklaven echappieren.
Der eine sucht sofort das Weite
und findet es zur linken Seite.

Nach rechts, im Schatten der Agave,
flieht ebenso der andre Sklave,
ihn wollen sie als Ersten packen
und sind ihm dicht auf seinen Hacken.

Das scheint dem Sklaven so verkehrt,
dass er sich mit Empörung wehrt.
Während ihm die Pumpe geht,
er am Waldrand steht und fleht:
Lieber Herrgott, bitte schick nicht
deinen Diener in dies Dickicht.

Er will sich an den Baumstamm drücken.
Das schützt zumindest seinen Rücken
vor Knüppel- oder Peitschenwunden,
nicht aber vor den großen Hunden.

Und kaum ist ihm die Lage klar,
sieht er sich selber in Gefahr.
Der Sklave warnt den Hund noch: »Lass!«
Da brüllt der Treiber wütend: »Fass!«

Der Hund lässt sichs nicht zweimal raten,
er wittert einen leichten Braten,
und duckt sich schon auf allen vieren,
gleich gibt es was zu schnabulieren.

Er stiert mit unverhohlner Lust
auf das Herzstück aus der Brust
und zur Krönung seines Glücks
auf den Speck des Lendenstücks.

Der Sklave hat nichts zu verschenken,
die Lage gibt ihm schwer zu denken.
Sein Beinkleid ist ja viel zu kurz,
das ist ja bloß ein Lendenschurz,
und ein Tier von dieser Größe
schnappt sich gern des Mannes Blöße.
Die löscht zwar niemals seinen Durst,
sieht aber dafür aus wie Wurst.

Dem Hund wird Blutrausch angedichtet,
doch hat man ihn bloß abgerichtet,
denn so recht bei Licht besehen,
muss man auch den Hund verstehen.

Wo er eine Beute wittert
und die Beute steht und zittert,
die Angstschweiß-Schwaden in der Luft
ihn fächeln ganz wie Bratenduft,
da muss er einmal heiser bellen
und gleich darauf die Beute stellen.

Ein Sklavenleben für die Katz,
der Hund tut einen ersten Satz.
Dem Sklaven fehlt es nicht an Mut,
doch auf der Zunge schmeckts nach Blut,
es ist zu spät, jetzt noch zu fliehn,
im Rachen pumpt Adrenalin.

Erst fliegt der Puls, dann ist er weg,
die Rinde drückt sich in den Speck
und prägt sich tief im Rücken ein
als Rinden-Rücken-Haut-Design.

Als Flüchtling hat der Mann gelernt,
der Kampfhund hält sich erst entfernt,
doch entspricht es seiner Art,
kommt er gleich darauf in Fahrt,
und mit ein paar raschen Sätzen
fängt er an, darauf zu hetzen.

Doch bei solchen niedren Tieren
wirkt das schon wie Galoppieren.
Der Hund, mit Geifern und Geschmatz
tat einen lang gestreckten Satz.

Und einen zweiten, dritten, vierten,
die Augen wünschten nicht, sie gierten
und füllten sich vor Gier mit Tränen,
als juckt es in den Schneidezähnen.
Er fliegt im letzten Sprung heran –
da endlich wird der Sklave Mann.

Die Hunds-Pupillen warn so nah,
dass er sich selbst schon darin sah:
ein schwarzes Männlein, schockgefroren
und an ein wildes Tier verloren.
Das wars? Vorbei? Tot, hier und heute?
Kein Heldentod, ein Tod als Beute?

Warum mach ich dies Sterben mit?
Ein Tod als Frischfleisch? Pfui, igitt!
Stecke ich schon in der Tinte,
bleibt mir immer noch die Finte.

Gesagt, getan, ein Ausfallschritt,
der Hund im Sprung kommt nicht mehr mit.
Der Sklave taucht zur Linken raus,
der Hund fliegt weiter gradeaus,
wo jetzt nur noch der Baumstamm steht,
abwartend, wie es weitergeht.

Der Hund flucht in sich rein: »Verflixt,
der Nigger hat mich ausgetrickst,
zu allem Überfluss trifft nun
der Kollaps mich wie im Cartoon.«

Kaum ist ihm der Vergleich geglückt,
wird ihm die Schnauze platt gedrückt,
und nicht bloß so, comme ci comme ça,
sondern als Ziehharmonika.

Wos im Tierkopf nur so funkt,
trifft die Wucht den Knockout-Punkt,
und dem Hund wirds aus dem Stand,
im Hundeschädel blümerant,
denn statt frischer Menschenknochen
kriegt er das Genick gebrochen.

Sein Hirn von ein paar hundert Gramm
donnert heftig an den Stamm,
und da er zeitgleich Blut verspritzt,
weiß er: Ich werde aufgeschlitzt,
schon sieht er Sterne, bunt und bunter,
sein Leben fließt am Baumstamm runter.

Die Hundeseele muss entweichen,
der Sklave kann den Fluss erreichen,
mit dem Schiff der Brüder fliehen,
in die neue Freiheit ziehen,
und dennoch: Blicken wir zurück,
ist dies schwer erkauftes Glück.

Denn ob Mensch-, ob Hundeleiden:
Daran mag man sich nicht weiden,
weil es doch die Stimmung dämpft,
wenn Opfer gegen Opfer kämpft,
wenn sich die Schwächsten massakrieren
und die Starken applaudieren.

DER SCHATZ IM SILBERSEE

Timbuktu, Babel, Ninive,
Jericho und Silbersee,
vor diesen Orten muss sich hüten,
wer keine Achtung hat vor Mythen
und nicht einmal leise zittert,
wenn Geheimnis ihn umwittert.

Diese Orte sehen alle
deutlich anders aus als Malle,
denn sie wirken erst mal sichtlich
fern, auratisch und geschichtlich,
locken an mit Glücksversprechen
oder Kapitalverbrechen.

Worüber man gern etwas lernt,
das scheint oft räumlich weit entfernt,
denn fehlt auch selbst der Augenschein,
so will man gern im Bilde sein.
Der Silbersee liegt, what a pity,
jenseits noch von Salt Lake City.

Das lag, zu Pferd, in jener Zeit
mindestens acht Wochen weit,
begab man sich mit Kind und Squaw
auf den Weg von Arkansas,
vorbei an den Blue Water Fountains
immer Richtung Rocky Mountains.

Gequält von Hitze, Durst und Mücken,
immer auf dem Pferderücken …
Das nenne ich den schwarzen Peter
für zweitausend Kilometer:
Wer traut sich das, wer tut das,
reitet bis zur Grenze Utahs?

Und es geht noch immer weiter,
blind voran mit Reiseleiter,
denn die Leute, die hier laufen,
bilden einen bunten Haufen
aus weißen und aus roten Tramps
im Schatten eines deutschen Vamps.

Und was das Allerschärfste ist,
der Vamp ist Mann und Polizist,
beherrscht die Transe wundervoll,
man ruft ihn deshalb »Tante Droll«.

Ein Halbblut nennt man gern Mestizen,
warum dann den nicht Transvestizen,
und was macht unter Hungerleidern
die Staatsgewalt in Frauenkleidern?

Versalzt dem Führer dieser Gruppe
aus guten Gründen seine Suppe,
denn dieser Brinkley meint Gefahr,
nicht bloß, weil er ein Ekel war.
Es geht nicht um Charaktermängel,
es geht um Mord am deutschen Engel.

Der irrte wie im Fieberwahn
den Rockys zu, den Lageplan
zum Silbersee fest eingepackt,
des Rätsels Lösung schien geknackt.
Jetzt brauchte es nur noch Geschick,
da knackte plötzlich sein Genick.

Und Brinkley, jener Reiseleiter,
nahm den Plan und suchte weiter,
bündelte verschiedne Kräfte
nun im Dienst der Geldgeschäfte.

Man kann von außen deutlich sehn,
dass der Tross inhomogen,
jedoch vereint zu überleben,
den Schatz im Silbersee zu heben.

Man spricht von Rot, von Weiß, von Halbblut,
so ist auch mancher Mann nur halb gut.
Nur Brinkley ist gediegen schlecht.
Gewaltsam, falsch und ungerecht,
bewegt er sich doch etwas schneller.
Wer so viel Leichen hat im Keller,
für den wird Töten schnell zur Sucht,
und letztlich lebt er auf der Flucht.

Nur in seinem Engagement
ähnelte ihm sein Pendant:
Der Knabe Fabian de Mediana
war zur Hälfte schon Indianer.

Als Kleinkind wurde er verletzt
und dann vom Onkel ausgesetzt.
Für Indianer war nun sichtbar:
Als Eltern sind wir unverzichtbar.

So ward der Knabe mal geschunden,
mal an den Marterpfahl gebunden,
und seine Pflegeeltern haben,
sogar das Kriegsbeil ausgegraben,
allerdings nur so zum Üben:
»Passt dirs nicht, dann geh nach drüben.«

Doch wurde er in dieser Wildnis
des guten Mannes wahres Bildnis,
womit auch bewiesen wäre,
Erziehung gibt das Ungefähre,
die wahre Bildung braucht Erfahrung
mit ein wenig Selbstbewahrung.

Na ja, so lernt der wilde Junge
das Reden mit gespaltner Zunge,
Büffel jagen, Fährten lesen,
und das wärs auch schon gewesen.

Halt, er lernt noch, Schwerverbrechen
am Verbrecher selbst zu rächen,
und ihn führt die Odyssee
bis zum Schatz im Silbersee.

Doch bevor er diesen birgt,
scheint sein Schicksal schon verwirkt,
denn er wird in finstrer Nacht
auf ein Rinden-Boot verbracht,
wo er zwischen zwei Mestizen,
Vater, Sohn und auch Komplizen,
beschämt, verachtet, ungeliebt
das Entführungsopfer gibt.

Er kennt den Flusslauf am Gewackel
und sieht im matten Schein der Fackel
eine Insel rechts passieren
und im Nachtblau sich verlieren.

Nein, wir hören kein Gewinsel:
»Ich wär reif für eine Insel«,
vielmehr lässt er sich beizeiten
stumm in diese Fluten gleiten.

Sekunden warn die Schurken achtlos,
jetzt sind sie auf ewig machtlos,
denn der Knabe rettet sich,
und er weiß: Ihr hättet mich
mit zwei wohlplatzierten Schüssen
gleich beiseite räumen müssen.

So kommt alles wie vermutet,
der Schatz versinkt und wird geflutet,
die Schar der Feinde wird halbiert,
der Schurke Brinkley massakriert.

Und unser junger Fabian,
der macht sich Deutschland untertan?
»Du, als ein Wandrer zwischen Welten,
wer soll dein Schicksal dir vergelten,
was ist der Suche tiefrer Sinn,
wo in der Welt, wo sollst du hin?«

Da äußert Fabian mit Bedeutung:
»Der Sinn liegt ganz in meiner Häutung,
weiß ich auch nicht, wo mein Daheim is,
wahrt doch der See sein Urgeheimnis,
und wenn mich etwas weitertreibt,
dann das, was unerklärlich bleibt.«

DAS VERMÄCHTNIS DES INKA

Ein Leben ohne Kraft und Feuer,
das meidet meist das Abenteuer.
Bleib daheim und rühr dich nicht,
heißt die erste Bürgerpflicht.

Leb für Geld und Zinseszins,
am besten tief in der Provinz,
hab ein Amt und füll es aus,
sonst halt dich aus allem raus.

Dann kommt mit dem Altenteile
der sanfte Tod durch Langeweile,
und während er dich übermannt,
bist du auf den Schluss gespannt.

Gleich wirst du ihn erlitten haben,
dann wird der Rest von dir vergraben.
Im Jenseits frei flottierend prahlste:
An mir war Sterben das Vitalste.

Ganz anders, wer sich selbst erneuert,
wer rumstravanzt und abenteuert.
Alles, was ihm unbekannt,
scheint ihm doppelt interessant,
und mit riesengroßen Augen
sucht er alles aufzusaugen.

Hält der Mensch sich für entbehrlich,
scheint Gefahr ihm nicht gefährlich.
Das Leben ist ein Fest, so feier es,
denkt er sich in Buenos Aires.
Also auf zu neuen Taten
quer durch die La-Plata-Staaten!

Schluss mit ängstlichem Gejammer,
sprach der Held mit Namen Hammer,
und auf seine deutsche Art
zeigt er sich auch hammerhart.

Denn nach einer Kurz-Belehrung
für die Anden-Überquerung
setzt er, ohne weitere Regung,
sich gemessen in Bewegung,
ohne die Kalaschnikow
und den Flaschen-Sauerstoff.

Hoch am Firmament kein Wölkchen,
unten ein illustres Völkchen,
das die Pässe runterreitet
und den Hammer-Karl begleitet:
Der Führer Vater Jaguar,
der macht den rechten Fußweg klar.

Der Forscher Doktor Morgenstern,
dem Menschliches nicht fremd, nicht fern,
begleitet von Fritz Kiesewetter,
Sam Hawkins' wahrem Geistesvetter,
daneben noch Don Parmesan,
der süchtig ist nach Sagrotan,
weil er die Medizin gepachtet
und sich als Gott in Weiß betrachtet.

Gewissermaßen als der Clou
stößt ein Inka-Spross hinzu,
der letzte, um genau zu sein,
dem fiel verspätet grad noch ein:
Inka sein wär für die Katz,
gäb es keinen Inka-Schatz.

Erst mal mach ich mich ans Erben,
dann bleibt Zeit, um auszusterben,
oder ich muss ganz verzichten
und ein Inka-Reich errichten,
freiwillig, doch ungewollt,
denn es schmerzt mich um das Gold.

Inka, sag, was fällt dir ein?
Man möchte ja nicht kleinlich sein,
doch dergleichen klappt nicht immer:
Mit gefundnem Bernsteinzimmer
baut nicht einmal Gott der Herr
wieder auf die DDR.

Und bei so viel Gold und Geld
gibts auch ein Verfolgerfeld,
gemischt aus einem Guerillero
und 'nem bösen Ex-Torero,
und um des hohen Gotteslohnes
folgen dann noch Abipones.

Diese seltenen Indianer,
wolln als Neu-Republikaner
dem Mittelstand die Mittel kürzen
und dann noch die Regierung stürzen
und versprechen sich Renditen
aus den Kassen der Banditen.
Um den Plan zu unterstreichen,
pflastern sie den Weg mit Leichen.

Drei Kapitel sind vergangen,
im vierten werden dann gefangen
der deutsche Forscher und sein Diener,
der munter plappernde Berliner:
»Jefangenschaft ist unerheblich,
jedes Wort wär da verjeblich.«

Er spricht laut, doch so, als hätt er
nicht im Busch bemerkt die Retter.
»Färbt das Wasser sich nicht rötlich,
ist die Geiselhaft nicht tödlich«,
meint er, doch ihm wird nicht besser
vor dem brackigen Gewässer.

Es zeugt ganz klar von schlechtem Stile,
nutzt der Schurke Krokodile,
will den Feind, kaum eingefangen,
kurz darauf gut abgehangen
über dem Gewässer sehen,
in dem Echsen Däumchen drehen.

Jede Zukunft wirkt noch öder,
hängt man da als Menschenköder
und geht zwischen Sein und Schein
in die Nahrungskette ein.

Krokodile sind auch Schweine,
denn sie schielen auf die Beine,
und in ihren Äuglein sieht
man den Bären-Appetit.

Opfer sind dem nicht gewachsen,
die Tiere schnappen nach den Haxen,
dem größten steht es im Gesicht,
er braucht zwei Zentner Fleisch-Gewicht.

Jetzt gibt es nur noch was zu lachen,
wenn die Schurken Fehler machen,
und prompt, man hat es oft gesehen,
entschließen sie sich schon zum Gehen,
bevor die Fütterung beendet
und das Blatt sich doch noch wendet.

Die Rettung kommt herbeigeritten,
schon wird der Erste abgeschnitten,
der Zweite zeigt sich guter Dinge,
löst man ihm doch am Hals die Schlinge.

Es kaut, statt Leben zu beenden,
das Krokodil auf Lasso-Enden,
man sagt nicht: Friede deiner Asche,
schon eher: Stirb als Kroko-Tasche!

So sind im Waldesgrund der Anden
die Deutschen nach wie vor vorhanden,
der Mordversuch ging in die Hose,
die Lasso-Enden baumeln lose
halbhoch überm Wasserspiegel,
die Schurken geben Brief und Siegel,
dass beide tot, zerfleischt, gefressen
und übermorgen schon vergessen,
und keiner war, den es erschüttert,
dass man die Deutschen hat verfüttert.

Doch das ist nicht das letzte Wort,
wir sprechen von versuchtem Mord,
und deshalb ist es Ehrensache,
sinnt der deutsche Held auf Rache,
so dass, o tempora o mores,
die Schurken endlich gehn kapores.

Und wie so oft wird es banal
zieht man daraus die Schluss-Moral:
Gier nach Gold führt ins Verderben,
denn die Goldbesessnen sterben.
Du glaubst, das muss nicht sein: Vergiss es.
Die Wahrheit ist: Genau so isses.

DER ÖLPRINZ

Der meisten Menschen blaue Blume
wurzelt auf dem Eigentume.
Von den Alten zu den Kids
sehnt sich jeder nach Besitz,
glaubt, für ein gelungnes Leben
muss das Schicksal ihm mehr geben.

Bestrahlt die Sonne ihn nur schief,
liegt es an dem Konjunktiv:
Hätte, wäre, könnt ich nur
nach der wahreren Natur,
gäbe mir statt meiner Laster
Frau Fortuna schlicht mehr Zaster.

Ach, wer könnt, wer würd ich sein
nennte ich nur etwas mein,
und am besten etwas mehr
für den großen Geldverkehr.

Ein bessres Ich in heiler Welt,
das gibts nicht bloß für Taschengeld.
Schicksal mach voran, come on!
Gib dem Menschen seinen Mammon!

Vor Geldgier soll man sich zwar hüten,
doch Habsucht kennt auch ihre Mythen,
so wünscht sich mancher seinen Reichtum
wie ein selbst gemachtes Scheichtum.

Wo Ölfontänen aufwärts schießen,
weiß man: Blut wie Geld muss fließen.
Im welthistorischen Verlauf
nahm man beides gern in Kauf,
denn nach geschichtlich krummem Gang
bestand da stets Zusammenhang.

Öl kommt niemals ungewollt,
denn es gilt als flüssig Gold.
»Blut für Gold«, das klingt antik,
»Blut für Öl« nach Freiheitskrieg,
und es gilt nicht als vermessen,
folgt man noch Privat-Interessen.

So lässt sich Bankier Rollins raten
nur von Ölscheichs und Magnaten,
denn er sucht die rechte Stelle
für die Öl- und Schwarzgeldquelle.

Grinley heißt sein Chef-Berater,
im Ölgeschäft der Übervater.
Dieser Mann des Höchstgewinns
heißt nicht Ölscheich, sondern -prinz.

Streng genommen ist er Mister,
dass das alles ist, vergisst er.
Moralisch-menschlich windelweich,
ist ihm der Titelschwindel gleich.

Doch wer mit seinem Namen pfuscht,
hat meist noch anderes vertuscht.
Jedem, der ein wenig findig,
scheint der Ölprinz mehr als windig.

Nur für Rollins läuft es glatt,
der bloß Öl im Kopfe hat
und nichts sieht an seinem Gast,
was nicht in sein Weltbild passt:
Nichts nimmt die Vernunft so mit
wie die Aussicht auf Profit.

Und die Aussicht scheint gleich besser,
kommen sie an ein Gewässer,
das so schwarz und düster liegt,
dass man einen Schauder kriegt.

Denn das Licht bricht sich nur fahl,
wo der Stamm der Bäume kahl,
während es sofort verschwindet,
wo dieselben noch berindet.

Sonst erscheint wie schwarzes Licht,
was hier durch die Zweige bricht,
selbst das Wasser wirkt verdunkelt,
weil es nicht mehr richtig funkelt,
sondern unter Schlinggewächsen
zittert nur von Matt-Reflexen.

Der Wasserspiegel irisiert,
weil er das Licht so absorbiert.
Es ist, als wär er pockennarbig,
und jede Pocke schillert farbig.

Rollins hatte dies betrachtet,
und dann Grinley, wie erwartet,
voller Inbrunst angeschrien:
»Öl, Petroleum, Benzin,

seht, die Unterwasser-Quelle
tritt genau an dieser Stelle
in den Kreis der Erde ein,
und ich werd in Bälde sein,
was ich gern schon lange wär:
Ölbaron und Millionär!«

Der Ölprinz murmelt »wunderbar«
mit einer Miene wie J. R..
Hält sich Rollins auch für fündig,
bleibt doch Grinley hintergründig.

Er ist Prinz nicht, er ist Mister,
und das Öl kam im Kanister,
um den Fund noch zu verbessern,
goss man es aus vierzig Fässern,
hat es erst im See verklappt.
Dann ist die Falle zugeschnappt.

Vom Ölgeruch an dieser Stelle
schloss man blind auf eine Quelle,
ja unter stummen Freudentränen
glaubte man an Ölfontänen,
an ein echtes Öl-Mysterium,
Grundstein fürs Benzin-Imperium.
Jeder kann mit Schweröl-Tropfen
seine Schuldenlöcher stopfen.

»Was ich heimlich auch begehrte,
als ich meine Fässer leerte«,
murmelt Grinley, keiner hört es,
denn den anderen betört es,
sich im Ölfilm zu verlieren
und Profit zu kalkulieren.

Doch bei so viel Phantasie
kriegt der Fachmann weiche Knie,
ja sie werden windelweich,
ahnt er doch den Schwindel gleich.

Weil er nicht romantisch ist,
wurde er ja Prokurist,
was in diesem Fall bedeutet,
die Alarmanlage läutet:

Denn mit scharfem Auge sieht er:
»Pro Stunde fließt hier grad ein Liter,
steigert man dies hundertmal,
lohnts doch kaum das Kapital.
Schenkt euch solche Kapriolen,
hier ist einfach nichts zu holen.«

Diese Worte sind verschwendet,
denn Herr Rollins ist verblendet,
und nach einer kurzen Speisung
zückt er gleich die Bankanweisung.

Schaden macht den Mann nicht klug,
und er ahnt nicht den Betrug,
weil sein Kopf vom Braten träger,
zeichnet er den Datenträger.

Kaum ist dieser unterschrieben,
zeigt der Ölprinz sich durchtrieben.
Statt zur Bohrung nach dem Öle,
sperrt man Rollins in die Höhle,
lieber noch als reich und fett,
säh man ihn als ein Skelett.

Vor gravierenden Problemen
steht damit das Unternehmen.
Doch da Rollins flüchtig kennt
Winnetou und Shatterhand,
dauerts keine Ewigkeit,
bis das Bleichgesicht befreit.

So, jetzt halten wir kurz inne,
für den Test der sieben Sinne,
um so richtig zu erfassen,
was die Weißen hinterlassen:

Der Wald steht schwarz und schweiget,
aus den Gewässern steiget,
getrieben von den Windes Kraft,
ein Ölgestank, schlicht ekelhaft.

Der Weiße kommt, er tauscht und handelt,
am Ende ist der Wald verschandelt,
sind Ureinwohner massakriert,
die Böden schwer kontaminiert.

Er nennt sich Wandrer zwischen Welten,
lässt aber andrer Recht nicht gelten,
will Menschen bloß und Firmen lenken,
ohne was dabei zu schenken.

Liebe? Mitleid? Gott behüte,
nicht mal Achtung oder Güte.
Es käm ihm wie Verschwendung vor,
verschenkte er auch nur Humor,
und wer am Wegesrand verreckt,
hat nicht mal Anspruch auf Respekt.

Solche Zeichen der Verrohung
sind Symptome der Bedrohung,
weil die Welt nicht darauf hört,
dass man Lebensraum zerstört,
und solch destruktive Leute
gab es immer schon, bis heute.
Die Welt ist nicht in trocknen Tüchern,
das sieht man draußen und in Büchern.

DER SCHWARZE MUSTANG

Gerne möchte ich laufend über das Programm von Kein & Aber informiert werden.
Bitte nehmen Sie mich in Ihren Verteiler auf.

Meine Adresse:

Name

Vorname

Straße

PLZ / Ort

E-mail

Diese Karte habe ich
dem Buch entnommen

Kein & Aber
Records und Bücher

www.keinundaber.ch

Kein & Aber AG
Vertrieb
Postfach
CH-8026 Zürich

Wer die Weite der Prärie
anschaut, so als wäre sie
samt der Weite der Natur
für zwei Menschengruppen nur:
für die Weißen und die Roten,
doch für andere verboten,
der halte ein und dann schau neu:
nicht nach Rothaut und Cowboy.

Denn es kann nicht richtig sein,
sieht man sie nur ganz allein.
Der so genannte Wilde Westen
lebt aus gemischten Völkerresten,
den meist gemiedenen Mulatten,
die viel zu viel zu dulden hatten,
nannte man sie doch »Geschmeiß«,
denn sie warn nicht schwarz noch weiß.

Ethnologische Notizen
klagen auch mit den Mestizen.
Selten ließ man ungeschoren,
was halb weiß, halb rot geboren,
und wie niedre Untertanen
quälte man sie mit Schikanen.

Wer kommt zur Welt und ist bereit
zum Mitglied einer Minderheit,
zum permanenten Außenseiter
und Minderheiten-Wegbereiter?
Der stöhnt: Verdammt und zugenäht,
nennt man das Identität?

Und die Mischung trägt, mein Gott,
den schönen Namen Melting Pot:
Europäer, Mexikaner,
auch Latinos und Indianer,
selbst fernöstliche Chinesen
sind schon in Wildwest gewesen.

Sie zu trennen, ist nicht praktisch,
und es geht nicht einmal taktisch.
Doch was Bürgern unbequem,
machen sie gern zum Problem.

Der eine trinkt gern Feuerwasser,
der Zweite ist ein Weißenhasser,
der Dritte betet Buddha an,
der Vierte ist ein Muselman,
nimm noch den fünften Mann dazu,
der heult des Nachts zu Manitu.
Ob braun, ob rot, ob gelb, ob hell,
man nennt es multikulturell.

Doch am wenigsten gelesen
hat man von Wildwest-Chinesen,
die in ihren Suppenküchen
in asiatischen Gerüchen
solche Sachen zubereiten
wie die Sieben Kostbarkeiten.

Das klingt für Cowboys manieriert
und im Westen deplaciert.
Deshalb griff man sie am Herd
und verschickte sie samt Pferd.

Da der Zweck die Mittel heiligt,
wurden sie am Bau beteiligt,
statt mit Rohfisch, Algen, Tang
tun sie Dienst am Schienenstrang.

Zwei Chinesen warn gescheiter,
wurden Bahndamm-Vorarbeiter,
und mit aller Contenance
suchten sie nach einer Chance,
sich moralisch zu verfehlen
und die andern zu bestehlen.

Wie sie dann in finstrer Nacht
sich in den Besitz gebracht
von drei kostbaren Gewehren,
die die Fans weltweit verehren,
spottet – ohne Übertreibung –
einfach jeglicher Beschreibung.

Wer den Henrystutzen kennt,
weiß, den trägt Old Shatterhand,
und so mancher Schwerenöter
hätte gern den Bärentöter
oder würd mit Silberstutzen
Scheiben-Schieß-Rekorde putzen.
Diese legendären Waffen
gilt es wieder zu beschaffen.

Mancher Wigwam, manches Tipi
säumt den Lauf des Mississippi,
und an diesem trägen Fluss lang
ritt der stolze »Schwarze Mustang«,
zu der Zeit in aller Munde
als der Chief der Gelben Hunde.

Hasser aller Bleichgesichter,
aller fremden Leichtgewichter,
jagt er eine seltne Ware,
kurz gesagt: Chinesenhaare.

Seine Ziele nennt er höhre,
wie die meisten Coiffeure
sammelt er auch Skalps methodisch,
denkt er dabei doch auch modisch.

Errötend wird die Rothaut lila,
trägt sie Skalp als Fokuhila,
und nach einem scharfen Ritt
wünscht sie sich den Stufenschnitt,
springt von ihrem Pony: »So,
dalli dalli, wash and go!«

Doch manche Rothaut trägt aus Tücke
selbst eine Menschenhaar-Perücke,
die wird als Skalp nicht präpariert,
weil sie im Boden kompostiert.

Anders bei den Herrn Chinesen,
wo es einfach so gewesen:
Sie kommen Mustang in die Quere,
verlieren erst mal die Gewehre,
dann verliern die Hinterköpfe
auch noch ihre langen Zöpfe.

»Das«, sprach Mustang, »wars für heute«,
und entkommt mit seiner Beute.
Als ein Gott Indianer erschuf,
war die Jagd ihr Hauptberuf.

Als dann alle andern kamen
und auf nichts mehr Rücksicht nahmen,
nicht auf Land und Tradition,
nur auf ihren Arbeitslohn,
starb ihr Lebenselement,
und sie wurden dekadent.

Ach, von ihren großen Taten
träumen sie in Reservaten,
mit verspäteter Empörung
klagen sie, denn die Zerstörung
wirkt massiver als ihr Ruhm,
denn der ist ja bloß posthum.

Besteht auch kaum danach Bedarf,
ist doch die Einsicht messerscharf:
Soll die Welt bloß funktionieren,
kann man rationalisieren.
Doch ein Habitat braucht Achtung
nötiger als Dampfross-Wartung.

SCEPTER UND HAMMER

Der Mensch verbringt geraume Zeit
mit Zwistigkeiten und mit Streit,
mal heftig unterm eignen Dach,
so kennt man es als Ehekrach,
mal impulsiv, wie unter Schock,
dann läuft man regelrecht Amok.

Und leider läuft man so nicht lang,
da steht man schon am Übergang:
Gerade wars noch atmosphärisch,
da wird es plötzlich militärisch.

Ob Niederlage oder Sieg,
Ingrimm bringt der Rosenkrieg.
Den Klugen macht das melancholisch,
der Weise sieht es nur symbolisch.

Er weiß, in einer Petitesse
verbirgt sich manchmal ein Interesse
und im Interesse Intention,
darin schmeckt man die Absicht schon,
und in der Absicht schläft ein Zweck,
der wischt gewöhnlich Skrupel weg.

Und in dem Zweck, da steckt ein Ziel,
das ist der vorteilhafte Deal,
und von den Menschen gut zwei Drittel
finden: Zweck heiligt die Mittel.
So gilt am Ende die Moral
bestenfalls bilateral.

Die Mär vom Zepter und vom Hammer
entspringt in einer Besenkammer,
jedenfalls gewissermaßen,
denn von Plätzen und von Straßen
hat, von Tratsch gut unterfüttert,
sie das ganze Land erschüttert.

Ein zartes Stückchen Poesie,
schon rattert die Maschinerie.
Im Zentrum als ihr kleinstes Rädchen
wirbelt ein Zigeunermädchen,
das den Herzog derart rührt,
dass er es sogleich entführt.

Doch nicht »ent-« allein, auch »ver-«,
ja, der wohlgeborne Herr
muss den Zieleinlauf erreichen
und in diesem Mädchen laichen,
was dann libidobedingt
gleich auf einen Schlag gelingt.

Doch die neue Leibesfrucht
schlägt den Herzog in die Flucht.
Erst den Stammbaum hinzudrechseln,
dann Zigeunerwindeln wechseln
und im herzoglichen Täschchen
griffbereit das Baby-Fläschchen?

So ein Kind für immer? Nimmer!
Hat vom Hofe keinen Schimmer,
wünscht sich eine Tätowierung
statt den Sitz in der Regierung …
Weil der Säugling ihm zur Last ward,
flieht der Herzog seinen Bastard.

Für so klägliche Gesittung
kriegt man meistens doch die Quittung:
Der Fehltritt wird erst aufgebauscht,
dann werden Säuglinge vertauscht,
und zwar nicht zwei bloß, sondern viele
und immer mit dem gleichen Ziele:

Nicht allein mit Lendenkraft
sichert man Thronfolgerschaft.
Haft, Vertauschung und Intrigen,
daran solls weiß Gott nicht liegen,
auch nicht am Gesetze-Brechen
und den Feind, wos nützt, bestechen.

Was? Sie nennen so was Krieg?
Dabei ists bloß Politik.
Hofschmied war man und untadlig,
gleich ist Häscher man und adlig,
ergreift ein Weib und schreit: »Ich habse,
steckt sie schleunigst in die Klapse!«

Andre bringt man mit Gewalt
in die Nervenheilanstalt,
rekrutiert im Dienst der Sünde
geheime Jesuitenbünde,
die nun niemanden verschonen
unter diesen zwei Nationen:

Norland und auch Süderland,
beides steht im Nu in Brand.
Da sieht man doch: Was leise schien
wird unvermittelt Kreise ziehn,
es reicht ein kleiner Schritt vom Wege,
schon kommt der Staat dir ins Gehege.

Schlimmer wird es zwischen Staaten,
denn das schreit nach Heldentaten.
Man macht sich scheinbar noch Avancen
und diskutiert die besten Chancen.
In Wirklichkeit wird niemand Großmacht
ohne Einsatz einer Seeschlacht.

»Von Ninive nach Ulan-Bator«,
so sprach an Land der Kommentator,
»man keinen Seemann müder fand
als diese hier aus Süderland.«

Und als die Schlacht geschlagen war,
da sagt er bloß: »Kein Kommentar.
Dank Norlands tapferem Charakter
wusst ich schon: Das packt er.«

So war in der fiktiven Welt
der Friede glücklich hergestellt.
Es folgten lange Diskussionen
mit den üblichen Personen,
und der Verräter fragt kokett:
»Wer ist denn sonst im Kabinett?«

Doch will man einen Staat erneuern,
so muss man erst mal ein paar feuern:
die Chefs des Speichellecker-Chors,
und die der Ämter und Ressorts.
So wars vom Hofe nicht bezweckt,
doch hats der König selbst vollstreckt,
und sein Volk erkannte spät:
Der König sucht Identität.

Dann wurde er von Leidenschaft
gleich rhetorisch hingerafft,
als er das Herz im Busen molk
und immer schrie: »Wir sind das Volk!«
»Das«, sprach das Volk, »hast du gehofft.
Gibs auf, das waren wir schon oft.«

DIE JUWELENINSEL

Schreibt ein Autor sich in Rage,
endets oft in Kolportage.
So viel hat er auszubreiten,
auf bloß ein paar hundert Seiten:

Da gibts ein Kurhotel von gestern,
in ihm drei ältlich-trockne Schwestern,
dabei, doch ohne viel Verstand,
der tolle Prinz von Süderland.
Weil sie ihm auf die Nerven gingen,
wollt er ihr Boot zum Kentern bringen.

Doch da dies niemanden erheitert,
ist der Plan im Kern gescheitert.
Der Atem ging ihm vor der Flucht aus,
drum landete er flugs im Zuchthaus.

Dann sieht man einen Arzt vertieren
und Mönch und Nonne kopulieren.
Auch gibt es die Burg Himmelstein,
da sitzt Kontessa Tosca ein,
die sich dem Prinzen widersetzt
und damit seinen Stolz verletzt,
weshalb er alle Fleischeswonnen
mit Mönchen teilt und auch mit Nonnen,
die schon damit begonnen haben,
ein Höhlenlabyrinth zu graben,
um darin ohne Federlesen
unterirdisch rumzupesen.

Das dient nach klösterlichem Raster
dem Sündigen und auch dem Laster.
Dann wird, auf Engelmacher-Art,
die Leibesfrucht dezent verscharrt.
Im Winkel liegen die Verlornen,
die ungewünschten Ungebornen.
Schloss Himmelstein ist blanker Horror,
gemahnt an Sodom und Gomorrha.

Dann erlebt die wüste Handlung
eine plötzliche Verwandlung.
Von geheimer Sodomie
schwenken wir auf Poesie,
wenn mit Tricks und viel Theater
der so genannte »Bowie-Pater«
die Apachen fangen lässt
und sie religiös erpresst:

»Jeden werde ich mir kaufen
und ihn schleunigst christlich taufen,
lässt das einer nicht geschehen,
wird er übern Jordan gehen.
Dem Herrgott bin ich untertan
und gleich darauf dem Vatikan.«

Ja, so zart agieren sie,
diese Priester der Prärie.
Doch beim großen Heidenfresser
kommts noch kesser und noch besser,
denn der Pater ist … – genau:
unter seiner Kutte – Frau!

Vergessen Vatikan und Kurie,
diese Frau ist eine Furie,
hat nicht bloß Charaktermängel,
ist ein echter Racheengel,
was man ihr vielleicht verzeiht,
falls sie Himmelstein befreit.
Weils der Leser ähnlich sieht,
weiß man, dass es so geschieht.

Solche sittlichen Sperenzien
sind die besten Ingredienzien
für ein Abenteuer-Drama
vor bewegtem Panorama,
bunt gemalt mit breitem Pinsel,
bloß ohne Juweleninsel.

Die steht zwar auf dem Titel drauf,
taucht aber nur am Rande auf.
»Juwelen« klingen attraktiv,
»Inseln« wirken suggestiv,
eine Mischung aus den beiden
können Mann und Frau gut leiden.

So folgt als Konsequenz der Mode
noch die Juwelen-Episode
um Reichtum, Luxus, Macht und Ruhm,
kurz genannt »Schatz der Begum«.

Der Leser ist ein Wiederkäuer,
er liebt vor allem Abenteuer
und will statt hinter Menschheitsfragen
lieber einem Schatz nachjagen,
denn er würde Leib und Leben
nicht gern für Erkenntnis geben.
Da hat etwas Materielles
doch schon eher was Reelles.

Also los, im Regenwald
wartete ein Hinterhalt,
wo der Chef der Mördersekte
sich im Unterholz versteckte,
denn er kannte freilich schon
die geheime Prozession
aus sechs Reitern und zwei Leichen,
die zu Pferd den Wald erreichen,
in ihrer Mitte die Begum
verlangt nach ihrem Eigentum.

Das Gehölz »Wald von Koleah«
klingt japanisch für Korea,
doch hier schuf Naturgewalt
tropisch schwülen Regenwald.

Man muss vor seinem Dickicht warnen,
denn zwischen Schlinggewächsen, Farnen,
Elefantengras mit Halmen
breit wie Arme, Sagopalmen,
Drachenbäumen, groß und rar,
lauert überall Gefahr
von Schlangen, Käfern und Termiten,
Flatterfüßlern, Parasiten.

Selbst die kleinen Buschwindrosen
leben heimlich in Symbiosen,
und ihr Leben scheint bequem
eingefasst in ein System.

Ja selbst die Maus, der Pilz, die Echse
und die Nachtschattengewächse
leben scheinbar im Kontrast
auf dem Regenwald-Morast,
doch im Nehmen und im Geben
sichern sie ihr Überleben.

Jeder Pflanze Existenz
hebt die Tropen-Opulenz,
und mit etwas Phantasie
durchschaut man auch die Mimikry
und erspart sich die Blamage
vor der besten Camouflage.

Wenn giftig gelb und manchmal golden
mit irisierend bunten Dolden
Pflanzen in dem Dickicht schaukeln,
um dem Blick was vorzugaukeln,
nur damit wir nicht beachten,
wie sie nach dem Leben trachten
uns und dem, der sie berührt –
dann ist jeder schnell verführt,
staunt in diesen Wald hinein
und wird des Waldes Widerschein.

Für stark verinnerlichte Seelen
zählt das mehr als die Juwelen.
Andre folgen ihrem Laster,
lass sie ziehn, wir bleiben, basta.

DER BLAU-ROTE
METHUSALEM

Die Welt der Weltliteratur
folgt häufig simpler Rezeptur:
Alter Ritter liest zu viel
und wird allmählich infantil.

Oder: Frisch verliebtes Paar
schaffts nicht bis zum Traualtar.
Mann drängt rattenscharfe Göre,
will, dass sie ganz ihm gehöre.
Junggenie erschlägt brutal
eine Frau, die ihm egal.

Doch erst die künstlerische Note
macht aus dem einen Don Quijote,
aus dem anderen Lolita,
samt lasziv-berühmter Vita,
Kids dagegen finden: Cool, ja,
cool ist Romeo, nicht Julia,
und der Frauenmörder-Stoff
gehört Rodion Raskolnikow.

Mehr Zutaten braucht man nicht,
also halten wir es schlicht:
Man schickt in eine andre Welt
den Korpsstudenten Degenfeld
und weiß, es wird ganz sicher köstlich,
kommt man diesem rein fernöstlich,
und er reist auf eigne Bitte
mitten rein ins Reich der Mitte.

Schon beim Anblick seiner Sachen
müssen die Chinesen lachen.
Denn er wirkt bereits abnorm
in Studentenuniform,
mit gold geflochtnen, flachen Litzen,
die auf dem fetten Schmerbauch sitzen,
sagt er: »Wenn ich mich anders kämm,
wirk ich nicht wie Methusalem.«

Reitet er auf wildem Hengste?
Iltschi oder Rih? – Ja, denkste:
Das ist eher was für Blender,
der hier reitet Neufundländer.
Sein Diener, Buffo und Garçon,
nennt sich Gottfried von Bouillon.

Da man sich häufig wund ritt,
nahm er zum Trost den Hund mit,
der um den Hals den Bierkrug trug,
denn dazu war er stark genug,
und Herrchen fühlt in wunden Stunden
bierselig sich dem Tier verbunden.

Er jedenfalls ist kein Student,
wie man sie von andren kennt,
scheint auf Frauen nicht versessen,
denn die machen pflichtvergessen,
und die seinen sind mitnichten
kleine, lächerliche Pflichten:

Er helfe seinem Freunde erben,
ohne unterwegs zu sterben,
er soll sich durch die Berge schinden,
verschütt gegangne Freunde finden,
soll den vergrabnen Goldschatz heben,
aber nicht auch davon leben,
vielmehr möcht es ihm gelingen,
ihn nach Hause mitzubringen.

Für die Ozean-Überquerung
und die Zeiten der Entbehrung
soll er nicht allein mit Qualen,
sondern finanziell bezahlen.

Tja, da fragt man sich doch schon:
Und was habe ich davon?
Oder anders: Bitte, warum
bleibt mir nichts summa summarum?
Doch wie meist in solchen Fällen
darf man keine Fragen stellen.

Stattdessen schicken Unrechtsstaaten
ihre plündernden Piraten,
deren Schicksal sich erst wendet,
kurz bevor die Seeschlacht endet:
Einige sind ausgerissen,
den Rest hat man ins Meer geschmissen.

Am Festland auf dem Weg nach Norden
will man Degenfeld ermorden,
das ist einerseits betrüblich,
andrerseits nun einmal üblich.
Ists dem Helden nicht geheuer,
merkt man: Das ist Abenteuer.

Von Blut und Schweiß und Tränen fließt es,
und der Leser, der genießt es,
zumal sich nach und nach entpuppt,
der Chines ist feig, korrupt,
oft ein übler Krimineller,
und der Korpsstudent ist heller.

Held zu sein, ist trotzdem schwer
und kommt nicht von ungefähr.
Erst muss er sich am Feinde rächen,
dann beim Chinesen Reiswein zechen.
Es folgt ein kleiner Tempelraub,
der Räuber macht sich aus dem Staub.

Das gibt Methusalem die Zeit,
und rasch sind aus der Haft befreit
die Freunde, die man ihr Verhängnis
schon spüren ließ im Ortsgefängnis.

Denn ohne Mitleid, ohne Rührung
plante man schon die Entführung.
Solcher Schrecken wird vermindert,
weil der Held die Tat verhindert.

Entführungsopfer wärn es vier.
Fragt ein Fremder: »Ça veut dire?«
»Fremder, ça vö dir dich selber«,
sagt der Held, »du bist kein Gelber.«

Da sagt der Leser: Kompliment,
Methusalem ist nur Student.
und löst Probleme so gekonnt
wie ein studentischer James Bond.
Er löst sie listig, gründlich, schnell –
ist das denn noch intellektuell?

Methusalems Verwegenheit,
mentale Überlegenheit,
sie macht uns stolz auf Preußens Söhne –
speziell im Land der Niedriglöhne.

So kann, so soll, so muss es sein,
verehrt zieht er in Deutschland ein
in einem triumphalen Ritt,
am Straßenrand klatscht alles mit.

Der Nörgler nur rührt keine Hand,
hat sich dem Nachbarn zugewandt,
der den Festzug mitbestreitet,
ohne Ahnung, wer da reitet:

»Der Typ nennt sich Methusalem,
wer sich so nennt, ist doch plemplem.
Hat was für sein Land geleistet,
ich weiß ja nix, aber so heißtet.
Wahrscheinlich ist er bloß ein Prahler,
und alles blecht der Steuerzahler.

Jeden Tag in andren Betten,
aber trotzdem China retten,
und was ist mit unsern Renten?
Leck mich fett, diese Studenten!«

DER QUITZOWS
LETZTE FAHRTEN

Die Karl-May'sche Lebensart
zeigt sich handfest, nicht apart,
und sie ist von ungeheurer
Wirkung für die Abenteurer,
passt jedoch an vielen Stellen
selbst auf Ritter und Rebellen,
wie man an dem Erstling sieht,
dens ins Mittelalter zieht.

Zurück, zurück, die Uhr bleibt stehn
anno vierzehnhundertzehn,
als in unserm deutschen Norden
Ritter und Nomadenhorden
sengend durch die Lande zogen,
dass sich hier die Balken bogen.
Und in allen deutschen Landen
herrschten üble Räuberbanden.

Ohne Fehl und ohne Tadel
war nicht mal der alte Adel.
Wohlgeborene Familien
schützten ihre Immobilien
selbst vor kaiserlicher Macht,
wenns auch dauernd Streit entfacht.

Manchen räuberischen Ritter
steckte man gleich hinter Gitter,
und der ausgedehnten Fahndung
folgte meist maßlose Ahndung.

Alle über einen Kamm
schert man die vom Quitzow-Stamm.
Doch moralisch wirklich niedrig
war der Spross mit Namen Dietrich,
der der Staatsmacht stets entkam,
denn der Vater Staat war lahm.

Ritt man so durch einen Flecken,
sah man Bauern sich verstecken.
Wenn man sie beiseite zog,
entspann sich meist der Dialog:

»Wie gehts, wie stehts?« – »Ach, geht so,
wäre da nicht Dietrich Quitzow.«
Der erfüllt sich grad, so glaubt man,
den Berufswunsch Räuberhauptmann.

Nicht grad als Berufswunsch vieler
gilt die Rolle »Gegenspieler«.
Wer Zeuge je in einem Zank war,
weiß jedoch: Der Part ist dankbar.

Begrüßen wir in diesem Sinn
den Ritter namens Suteminn.
Genau gesagt ist er ein Zwitter
aus Zaubrer, Forscher, Recke, Ritter:

Von imponierender Gestalt,
geschätzte sechzig Jahre alt,
in seiner Rüstung kolossal,
die widerscheint von blauem Stahl,
stark genug und voll Verlangen,
Bären mit der Hand zu fangen,
gegen Dietrich Quitzows Schlichen
ganz mit Drachenblut bestrichen.

Mitglied streng geheimer Bünde,
wohnt diskret in Tangermünde,
konzentriert die Phantasie
auf die Wirkung der Magie,
der so genannten guten, weißen.
Das will in dieser Welt was heißen,
wenn man von Herzen gut gesinnt,
im Grunde gottgefällig spinnt.

Man sieht sein Wappen, Bub mit Pfeil,
und denkt sich sicherlich sein Teil:
Das riecht nach mythischer Folklore
und heißt zu Deutsch schlicht: »That's amore.«

Man muss schon sagen: Es ist bitter,
ein Amor ziert den alten Ritter.
So 'n weißen, fetten, nackten Putto
kriegt man ab zehn Taler, brutto.

Da wirkt er doch schon etwas besser
mit dem Doppelklingen-Messer,
einem tragbaren Schaffott,
gut getauft auf »Gnadegott«.

»Kommt er dann noch mit der Lanze«,
sprach der Bauer, »ja, dann kannze
dir doch eintlich nur noch sputen,
oder jleich im Dreck verbluten.«

Moment, es ist ja niemals grundlos,
lässt der Ritter seinen Hund los,
und selbst ihm bekäm es schlecht,
wär er einmal nicht gerecht.

Er ist der Held der Zuversicht,
was andres interessiert ihn nicht.
Wenn wir in unsern Betten schlafen,
dann ist er unterwegs zum Strafen.
Der Mann kennt keinen Todeskuss,
er bringt nur rasch den Exitus.

Und trabt er auf vereistem Feld,
spricht doch sein Hirn zur Unterwelt
mit ihren sieben Geisterreichen,
die sich von ferne geistig gleichen.

Er sucht dort auch, jedoch nicht nur
das Zwiegespräch mit der Natur,
und manchmal wirkt es fast, als hätt er
Einfluss selbst auf unser Wetter.

So einen hehren Geistesmann,
den staunt der Leser gerne an.
Er selbst kann keine Sterne lenken,
doch liebt er es, daran zu denken,
dass da draußen jemand ist,
der als himmlischer Jurist
nicht nur nach der Ordnung sieht,
sondern sorgt, dass was geschieht:

Ein Ehrenmann, Typ Klassensprecher,
ein Witwen- und ein Waisen-Rächer,
ein Ritter für die bös Geschundnen
und für die ewig falsch Verbundnen.

Ja, so malt die Phantasie,
ganz am Glanz der Utopie,
den Mann, der Macht und Geist verbindet
und zum Spiritismus findet,
den einzig Wahren, denn den ziehts ja
immer hin zu Frau Justitia.

Den einen, der den Feind besiegt,
zuletzt die schönste Braut abkriegt,
ja, exakt so soll er sein,
dafür reicht uns selbst der Schein.

Wird es so wie hier beschrieben:
die Bösen tot, bestraft, vertrieben?
Kommt der Roman zum Happy End?
Was weiß ich, er blieb Fragment.

ARDISTAN UND
DSCHINNISTAN

Den Westen malte er banal,
den Osten bestenfalls trivial.
Wovon er schrieb, das sah er nie:
alles bloße Phantasie.
Zum Lachen ging er in den Keller,
Deutschlands großer Volksschriftsteller.
Im Knast schrieb er aus Langeweile –
halt! Das sind alles Vorurteile!

Sind nicht Urteil, sind ein Tick
der literarischen Kritik,
die den Autor so beleidigt,
dass er sich kaum selbst verteidigt.

So gut ist vieles recherchiert,
dass es die Forschung selbst blamiert.
Die stellt Droll und Hadschi vor
und leugnet ihnen den Humor?

Der Autor nutzt Einbildungskraft
und als Ergänzung Wissenschaft,
und liegen Fakten auch mal schief,
dann werden sie zum Korrektiv,
verquirlt zu einem sanften Blend
aus Spannung, Ernst und Happy End,
gewürzt, das scheint der Zeit normal,
mit Glaubenssätzen und Moral.

Und dieser Geist bringt Poesie
in Steppe selbst und in Prärie,
denn die Karl May'sche Ars Vivendi
passt auf Rothaut und Effendi,
er passt auch noch auf andere Leute,
speziell gewisse andere heute.

Der Autor, den Kritik empörte,
auch wenn er trotzdem auf sie hörte,
hat im Alterswerk geschickt
alles Mögliche verquickt:
Figuren, die uns schon bekannt,
im rein fiktiven Nirgendland.
Im Irrealen leben sie
als die Karl May'sche Utopie.

Ardistan und Dschinnistan:
Was fängt man mit den Namen an?
Gleichung mit zwei Unbekannten,
sagen Kenner von Atlanten,
denn die gehn nicht auf den Leim
diesem Wolkenkuckucksheim,
dieser Welt-Alternative –
eine schöne, doch fiktive.

Im Schreiben hatte immer schon
die Welt den Schein der Illusion,
mehr noch, Karl May, der schob ja
sein Spätwerk auf Utopia,
denn dieses Buch von Thomas Morus
empfand er nicht als Kokolorus.
Was hieran immer noch gefällt,
das ist der Geist der Gegenwelt.

Und was May nebenher noch kannte,
das war das große Werk von Dante:
Die göttliche Komödie.
Eine teuflische Tragödie
für Heiden, die im Feuer beben,
bestraft fürs Abenteuer Leben.

Geläuterte Getaufte ließ
man umgekehrt ins Paradies,
wo nur die Langeweile bleibt,
weils keiner hier mit keinem treibt.
Das eine nennt man schlicht Inferno,
das andre Gloria in aeterno.

Wo nun Karl May im Jenseits weilt,
hat er die Welt auch so geteilt:
Wo wenig wächst, kein Strauch, kein Baum
verkümmert jeder Lebensraum.

Das Land der frühen, nein, der frühsten
Lebewesen, Ebenen, Wüsten,
der bösen Menschen, der Gewalt
heißt Ardistan, und menschlich kalt
ist hier das allgemeine Klima.
Nur Abgefeimte findens prima.

Dem guten Menschen untertan
ist die Natur in Dschinnistan.
Der Himmel küsst die lichten Höhen,
und manchmal weht in leichten Böen
der Frühlingswind, dann ist es Zeit
für unbefleckte Fruchtbarkeit.

Die Welt im Jenseits ist nun mal
im Wesentlichen ganz dual.
Doch zwischen diesen beiden Sphären
kann der Mensch sich selbst bewähren:
Entweder bringt ein gutes Herz
ihn stante pede himmelwärts,
oder alle seine Laster
führn ins höllische Desaster.

Diese Doppelwelt trifft Kara
Ben Nemsi auf dem Stern Sitara,
genannt das »Land der Sternenblumen«,
ein Stern von stattlichem Volumen
für Ardistan und Dschinnistan –
und zwischendrin Kannitverstan?

Nein, was das Land zusammenhält,
liegt in der Zwischen-Zonen-Welt,
dem Welt-Laboratorium,
bei Dante »Purgatorium«,
wo in der schnöden Wirklichkeit
des Menschen ganze Lebenszeit
ausschließlich danach wird taxiert,
wie er sich sittlich so geriert.

Dort bleibt man bis zur letzten Klärung,
ein Kind der Welt – doch auf Bewährung.
Märdistan heißt dieses Land,
nach »merde« ist es nicht benannt.

Denn alles zeigt sich hier gemischt,
auch Gegensätze sind verwischt,
zwischen dunklen Felskomplexen
mit Geistern und Gewitterhexen
liegen hell begrünte Stellen
mit Wäldern und mit Wasserfällen.

Doch die wahren Unterschiede
macht man in der Geisterschmiede,
hier wird der Reisende gemästet,
auf Herz und Nieren durchgetestet,
bevor man ihm das Glück bereitet
und ihn aufwärts weiterleitet
oder doch auf ihn verzichtet,
er muss hinab und ist gerichtet.

Um selbst im Jenseits was zu gelten,
kämpft Kara auch im Krieg der Welten.
Er kämpft hier quasi apostolisch,
vor allem aber hochsymbolisch,
denn trotz der vielen Unterschiede
winkt zuletzt globaler Friede
nach viel Kämpfen, Fliehen, Reiten
über gut zwölfhundert Seiten.

Und so kommt, wie immer wieder,
die Wahrheit gleich vom Himmel nieder,
des Autors Christengott und Herrchen
schenkte ihm auch dieses Märchen,
damit er es gleich allen sage:
Das Ich ist eine Menschheitsfrage.

Für Leser wie für Leserinnen
führt jede Reise stets nach innen,
Dampfrösser, Pferde und Kamele
erreisen auch die Menschheitsseele.
Von dieser kriegt man nie zu viel,
auch deshalb ist der Weg das Ziel.

Hier liegt des Werkes Quintessenz:
Erlösung krönt die Existenz.
Dazu hilft unserm Selbstverständnis
die doch auch warnende Erkenntnis:

Die Lebensreise hat vergeigt,
wer nicht zuletzt zum Himmel steigt.
Doch vielleicht lebt auch verkehrt,
wer nicht zuletzt zur Hölle fährt,
und deshalb gilt in diesem Licht:
Man weiß es nicht.

*Ich danke Hermann Wiedenroth, der mir mit
seinem enzyklopädischen Karl-May-Wissen ver-
schiedentlich hilfreich beigesprungen ist.*
R. W.

Alle Rechte vorbehalten
Copyright © 2005 by Kein & Aber AG Zürich
Coverbild: Michael Sowa
Covergestaltung & Satz: Nicholas Ditzler
Druck & Bindung: Ebner & Spiegel, Ulm
ISBN 3-0369-5224-1

www.keinundaber.ch